Anonymous

Das jüdisch-theologische Seminar Fränckelsche Stiftung zu Breslau

Am Tage seines fünfundzwanzigjährigen Bestehens, den 10. August 1879

Anonymous

Das jüdisch-theologische Seminar Fränckelsche Stiftung zu Breslau
Am Tage seines fünfundzwanzigjährigen Bestehens, den 10. August 1879

ISBN/EAN: 9783744616614

Hergestellt in Europa, USA, Kanada, Australien, Japan

Cover: Foto ©ninafisch / pixelio.de

Weitere Bücher finden Sie auf **www.hansebooks.com**

Das jüdisch-theologische Seminar
Fränckelsche Stiftung
zu Breslau.

Am Tage seines fünfundzwanzigjährigen Bestehens,
den 10. August 1879,

herausgegeben

im Auftrage des Curatoriums

der

Commerzienrath Fränckelschen Stiftungen.

Breslau.

Druck von Grass, Barth & Comp. (W. Friedrich).
Stadt- und Universitäts-Buchdruckerei.

I. Geschichtliches.

Gründung des Seminars.

Tief ins achtzehnte Jahrhundert unserer Zeitrechnung erstreckt sich das Mittelalter des europäischen Judenthums. Erniedrigt durch gesellschaftliche und religiöse Vorurtheile, gefesselt durch eine ungerechte, oft grausame Gesetzgebung, verfolgt vom Hasse und der Unduldsamkeit Andersgläubiger war allmälig auch das Geistesleben des Judenthums verkümmert. Kaum erkennt man in den elenden, von wenig geistigen Interessen bewegten Gemeinden Deutschlands, Frankreichs, Italiens und Polens die Abkömmlinge derselben Gemeinschaften, aus denen die auf dem Gebiete der Theologie, der Bibelexegese, des Talmuds, der Grammatik und Philosophie bahnbrechenden, lichtbringenden Geister des zehnten bis fünfzehnten Jahrhunderts hervorgegangen waren. Das Zeitalter Friedrichs des Grossen bezeichnet für die innere Geschichte der deutschen Judenheit eine tief einschneidende Epoche. Hundert Jahre sind eine verschwindend kurze Zeit, verglichen mit den Jahrtausenden, die seit dem Erstehen des jüdischen Volksthums verflossen sind: aber die Geschichte misst nicht nach Jahren und Räumen, sondern nach Begebenheiten und Thaten, und an inneren Erlebnissen, bedeutenden Erfolgen und geistigen Thaten ist kein Zeitraum der jüdischen Geschichte reicher als der letzte, den sie zu verzeichnen hat. In ihm vollzieht sich eine in der Geschichte fast einzig dastehende Umwandlung. Eine Gemeinschaft, die in einen vielhundertjährigen Geistesschlaf versenkt, die abgesperrt war von Kunst und Wissenschaft, die keine rechte Bildung, keine wahre Gelehrsamkeit, keine eigentliche Muttersprache mehr besass, erwacht aus ihrer Erstarrung, erlernt die Sprache der Länder, in denen sie wohnt, fordert und erhält ihren Antheil an den Rechten und Pflichten des Bürgerthums, an den Mitteln und den Früchten moderner Cultur und steht nach kurzer Zeit ebenbürtig neben denen, die lange Jahrhunderte hindurch Luft und Licht ihr verweigert hatten. — Diese staunenswerthe Umwandlung einer verachteten Menschenklasse, der unterdrückten, halb zertretenen Schutzjuden in vollberechtigte Staatsbürger, ging nicht von einem bestimmten Mittelpunkte aus, sondern vollzog sich an allen Punkten durch die vorwärts drängenden, langgehemmten, aber dadurch nur stärker in sich gespannten Kräfte selbst. Die Folge dieses ungestümen, jeder Leitung und jedes Centrums entbehrenden Strebens und Drängens war eine gronzenlose Zersplitterung auch der religiösen Ansichten und Ueberzeugungen, deren Einheit bis dahin das gemeinsame Band der über die ganze Erde zerstreuten Gemeinden gebildet hatte. Eine masslose Verwirrung der Meinungen, schwere innere Kämpfe und eine immer grösser werdende Entfremdung der religiösen Parteien gegen einander waren die Folge dieser Erscheinung. Vergebens versuchten Gutgesinnte den Streit beizulegen, die auseinander strebenden Richtungen Einem Ziele wieder zuzulenken, den Ungestüm der Einen, die Leidenschaft der Anderen in die Bahn ruhiger, stetiger Entwickelung zu führen. — Dazu kam, dass bei allen grossen Erfolgen nach Aussen in den inneren Kämpfen und Stürmen die Wissenschaft des Judenthums, seiner Geschichte und seines Glaubens, die in allen Zeiten der Hort des jüdischen Lebens gewesen war, immer mehr verloren zu gehen schien, weil alle äusseren Mittel und Anstalten zu ihrer Förderung fehlten, weil sie nach dem Untergange der letzten Lehrhäuser in Deutschland keine Heimath mehr besass, weil ihre Meister zugleich ihre Märtyrer geworden waren und die wenigen Jünger, die ihr geblieben waren, ihr Wissen hier und da auf eigene Faust und unter grössten Opfern sich zusammenbetteln mussten. Vereinzelt und darum ohne nachhaltige Wirkung blieben die bewundernswerthen Leistungen einiger allein stehender Männer, die wie Zunz, Rapoport, Sachs, Krochmal, ohne jegliche Unterstützung des Staates und der jüdischen Gemeinden dem Dienste jüdischer Wissenschaft Kraft und Begeisterung zuwendeten. Ein zu grossen Erwartungen berechtigender Verein für Wissenschaft des Judenthums, den der um Wissenschaft und Judenthum hochverdiente Zunz in Berlin 1820 ins Leben gerufen hatte, verschwand nach kurzer Lebensdauer spurlos. Die Errichtung von Rabbiner-Seminarien in Padua und Metz blieb in Deutschland ohne Nachfolge. Vergebens erging seit den dreissiger Jahren von verschiedenen Seiten wiederholt der Ruf an die Gemeinden Deutschlands, durch Errichtung einer jüdisch-theologischen Facultät oder eines

Rabbinerseminars der heimathlos gewordenen jüdischen Lehre eine Heimstätte, dem religiösen Leben, das in Schwankungen und Spaltungen aus einander wich, einen festen Stützpunkt wieder zu geben. Einige schwache Anläufe zur Ausführung dieses Gedankens wurden gemacht; aber es fehlte die Selbstlosigkeit, Energie und Opferwilligkeit, die allein einen so grossartigen Plan auszuführen vermocht hätten. — Aber während jener Gedanke vergebens nach unmittelbarer Durchführung rang, reifte er still in eines hochsinnigen Menschen Herz späterer Verwirklichung entgegen. Der verewigte Commerzienrath Jonas Fränckel zu Breslau hatte letztwillig sein ganzes bedeutendes Vermögen milden Stiftungen und wohlthätigen Zwecken überwiesen; unter diesen stand oben an: Die Gründung eines Rabbiner- und Lehrerseminars in Breslau. Tausende von Menschen, die den Fränckelschen Stiftungen Heilung in Krankheit, Obdach in Noth und Alter, Pflege und Erziehung ihrer ungeschützten Kindheit, Unterstützung bei der Erlernung und Ausübung einer Kunst oder eines Handwerks verdanken, werden noch in fernster Zukunft verehrungsvoll den Namen dieses Edlen nennen. Aber grösser, dauernder ist der Dank, den die jüdische Wissenschaft ihm schuldet; denn für sie schuf er, ihrer Erhaltung und Pflege widmete er das jüdisch-theologische Seminar in Breslau, eine Anstalt, die an weitgreifender, fruchtbringender Wirkung alle andern wohlthätigen Stiftungen Fränckels weit überragt.

Fränckel hatte, um die Ausführung seines Planes nicht durch beengende Paragraphen den Vollstreckern seines Willens zu erschweren, denselben auch in Betreff der Gründung eines Seminars unumschränkte Freiheit der Entschliessung gewährt und nur in den allgemeinsten Zügen seinen Willen kund gegeben. Die Zukunft sollte lehren, wie weise und nothwendig diese bescheidene Zurückhaltung gewesen war; denn erst bei der Ausführung zeigte sich die ganze Schwierigkeit eines Unternehmens, das, als ein durchaus neues, ungewöhnlicher und nicht im Voraus zu bestimmender Massregeln zu seiner Durchführung bedurfte, und das wohl nie ins Leben getreten wäre, oder doch niemals hätte gedeihen können, wenn ohne Berücksichtigung der erst später erkennbaren wechselnden Umstände die Schablone eines verjährten Willensactes über seine Einrichtung hätte entscheiden sollen. Nie ist aber auch eine grosse Selbständigkeit und eine schwere Verantwortlichkeit mit grösserer Umsicht, Pflichttreue und Energie übernommen worden; nie haben die Absichten eines Verewigten treuere und liebevollere Ausführung gefunden.

Unmöglich ist es, wenn ein Werk vollendet vor uns liegt, alle die Zurüstungen, Versuche und Vorarbeiten, alle die Mühen, Sorgen und Anstrengungen sich zu vergegenwärtigen, die zu seiner Schöpfung nothwendig waren. Dies gilt in vollem Masse von der Begründung des Seminars. Eine unendliche, mit den verschiedensten Behörden, Gelehrten und Privatleuten in den Jahren 1847—54 geführte Correspondenz, die in umfänglichen Actenstössen wohl erhalten vor uns liegt, zeugt von den ausserordentlichen Mühewaltungen, die das mit der Ausführung des Fränckelschen Testamentes beauftragte Curatorium übernehmen musste, um einen Plan für die Organisation des Seminars zu entwerfen, mit den Behörden zu verhandeln, die verschiedensten erforderlichen Gutachten einzuholen, die Statuten für die Sicherung seines Bestehens festzustellen, die Männer zu wählen, denen die Leitung des Seminars anzuvertrauen war, und um alle die oft unübersteiglich scheinenden Hindernisse hinwegzuräumen, die übelwollende oder schlechtberathene Personen und schwierige Verhältnisse dem noch nicht gewordenen Institute entgegenwarfen.

Die Namen der Männer, deren rastlosem Eifer und aufopferungsvoller Beharrlichkeit, deren freudiger Begeisterung für eine hohe, heilige Idee es zu verdanken ist, wenn trotz aller Hindernisse der grosse Gedanke des Stifters lebenskräftige Verwirklichung fand, sie werden zusammen mit dem Namen des hochsinnigen Stifters im dankbaren, ehrenden Gedächtniss der Nachwelt unvergänglich fortleben. Sie heissen S. J. Levy, nach dessen im April 1852 erfolgten Hinscheiden sein Sohn, Sanitätsrath Dr. J. Levy ins Curatorium eintrat, L. Milch und J. Prinz, sämmtlich zu Breslau.

Es gab keine Anstalt, deren Muster für die Einrichtungen der neu zu gründenden massgebend hätte sein können. Die ehemaligen Institute, die noch bestehenden jüdischen Lehranstalten boten keinerlei Anhaltspunkte. Universitäten und Akademien zeigten einen zu weiten, Gymnasien, Realschulen und Lehrerseminarien einen zu engen Rahmen für die Idee, die sich hier verkörpern sollte. Gänzlich ungenügend für das zu erreichende hohe Ziel erschien die Organisation der zwei ausserhalb Deutschlands bestehenden Rabbinerschulen. So galt es, mit kühnem Entschlusse das klar erkannte Ziel auf neuen Wegen zu erreichen. Es galt, eine Anstalt zu gründen, welche, auf festem Boden über der

Zerklüftung der religiösen Parteien stehend, zugleich den idealen Forderungen der vieltausendjährigen Religion Israels und den strengen Ansprüchen vorurtheilsfreier Wissenschaft entsprechen, daneben aber auch dem praktischen Bedürfnisse der jüdischen Gemeinden genügen sollte, denen das Seminar dereinst ihre Lehrer und Rabbiner geben würde. Besondere Schwierigkeiten veranlassten zwei vom Testator getroffene Bestimmungen, wonach die zu gründende Anstalt erstlich mit der zur Zeit der Abfassung des Testamentes in Breslau bestehenden Wilhelmsschule in Verbindung treten und zweitens zugleich ein Lehrer- und Rabbinerseminar bilden sollte. Die erste dieser Verfügungen auszuführen, machte das Curatorium wiederholte Versuche, die aber sämmtlich vergeblich waren, weil die Wilhelmsschule inzwischen aufgelöst worden war, und das Vorsteher-Collegium der jüdischen Gemeinde in Breslau ihre Wiederherstellung aus verschiedenen Gründen aufs entschiedenste ablehnte. Es war ein Glück, dass auf diese Weise die Ausführung einer Verfügung unmöglich ward, die, wie edel die dabei vorwaltende Absicht auch gewesen war, für die neue Anstalt doch verhängnissvoll hätte werden können, weil sie nichts weniger als die Vereinigung von Unvereinbarem bezweckte. Von mehreren Seiten wurden daher auch gewichtige innere Bedenken gegen die Nützlichkeit, ja Möglichkeit dieses Planes ausgesprochen; die wichtigsten sind in einem Briefe zusammengefasst, der im Auszuge hier mitgetheilt werden möge (s. Beilage A).

Nicht geringere Bedenken erregte eine andere Bestimmung des Testators, wonach die zu begründende Anstalt ein „Lehrer- und Rabbinerseminar" werden sollte. Die Erklärung dieser Worte war zweifelhaft. Sie konnten besagen, dass die Schüler des zu gründenden Seminars zugleich zu Rabbinern und Lehrern herangebildet werden sollten, oder nach strengerer Interpretation die Gründung einer gesonderten Abtheilung für Lehrer neben der für Rabbiner bestimmten, also eines Lehrerseminars neben dem Rabbinerseminar verlangen. Fast alle die sachverständigen Männer, deren Gutachten über diesen Punkt eingeholt wurde, wiesen nun freilich auf die Gefahr hin, welche die Verbindung zweier so ungleichartiger Zwecke nothwendig mit sich führen müsste (s. Beilage B). Das Curatorium verkannte die Grösse dieser Gefahr nicht. Wenn es trotzdem in diesem Falle jedes Bedenken zurücktreten und nach einiger Zeit ein Lehrer- neben dem Rabbinerseminar ins Leben treten liess, so geschah dies in stricter pflichtgetreuer Erfüllung jener Willensäusserung des Testators, die man nach ihrer strengsten Interpretation auszuführen entschlossen war, so lange nicht unübersteigliche Schwierigkeiten sich entgegenstellen würden. Ausser diesen Bestimmungen, die zu langwierigen und ernsten Erwägungen Anlass gaben, waren noch viele andere Fragen zu beantworten, ehe die Anstalt ins Leben treten konnte. Welcher der zahlreichen religiösen Parteien des Judenthums sollte sie sich anschliessen? Sollte sie freie Fakultät oder, wie mehrere gewichtige Stimmen sich vernehmen liessen, Alumnat nach Muster etwa des berühmten Tübinger Stiftes sein? Sollte sie eine Universität vollständig ersetzen oder neben ihren Lehrstunden noch Studien an der Breslauer Universität zur Bedingung machen? Sollte Absolvirung der Gymnasialstudien von den aufzunehmenden Schülern gefordert oder durch Einfügung gewisser Gymnasialdisciplinen in den Lehrplan des Seminars durch dieses selbst ermöglicht werden? Welche Vorbildung endlich sollte von den Schülern gefordert, welches Lehrziel in den einzelnen Fächern erstrebt werden? — Das waren einige von den tausend Fragen, die sich den die Organisation des Seminars leitenden Personen aufdrängten. Der Beirath der erfahrensten und gelehrtesten Männer, die das Judenthum Deutschlands aufzuweisen hatte, brachte den Sorgen und Bemühungen der Curatoren wesentliche Hilfe. Es sind ausser dem Direktor und den Lehrern des Seminars besonders folgende Männer, deren Rath der Organisation desselben zu Statten gekommen ist: Dr. B. Beer in Dresden, Oberrabbiner Dr. Bodenheimer in Crefeld, Prof. Dr. Frensdorff in Hannover, Direktor Dr. W. Freund, jetzt in Breslau, Joseph Lehmann und Dr. E. Munk in Glogau, die DDr. Michael Sachs, M. Veit, L. Zunz in Berlin. Es kann nicht Wunder nehmen, dass sich auch unter diesen trefflichen Männern grosse Meinungsverschiedenheit zeigte. Einer der um die Sache des Seminars am meisten verdienten Freunde desselben, Jos. Lehmann in Glogau, konnte die Klage nicht unterdrücken: „Quot capita, tot sensus, so viele gescheite Männer, so viele verschiedene Theorien" (s. Beilage C). Doch gelang es endlich, nach unsäglichen Mühen und langen Erörterungen die Grundzüge einer lebensfähigen Organisation zu schaffen, die, später von den Curatoren und dem Direktor der Anstalt vielfach ergänzt und umgestaltet, in den jetzt gedruckt vorliegenden Statuten des Seminars ihren Ausdruck gefunden hat.

Nachdem das Werk soweit gediehen war, erschien als die nächste und wichtigste Aufgabe, die Männer zu wählen, welche als Direktor und Lehrer an der neuen Anstalt wirken sollten. Der Segen Gottes leitete diese Wahl und gab der Anstalt einen Mann zum Direktor, der, von glühendem Enthusiasmus für das junge Unternehmen erfüllt, durch die grössten Gaben des Herzens und Geistes, durch seine innige Religiosität, seine staunenswerthe Gelehrsamkeit, durch seine Stellung in Mitte der religiösen Bewegung des Judenthums, der durch seine ganze Vergangenheit wie prädestinirt schien zum Leiter und Direktor der Anstalt. Dr. Zacharias Frankel, damals Oberrabbiner zu Dresden, hatte längst unter den Rabbinern Deutschlands durch seine bedeutenden wissenschaftlichen Leistungen, sein segensreiches Wirken für die Sache der Juden, seine charaktervolle Festigkeit im Kampfe der religiösen Parteien, durch sein entschiedenes Eintreten für das positive, historische Judenthum gegenüber der Zerstörungslust der Einen und der unbeweglichen, unduldsamen Starrheit der Anderen, sich an die Spitze der wissenschaftlich strebenden, conservativ gesinnten Rabbiner Deutschlands gestellt. Um dieselbe Zeit nun, da das Curatorium die Wahl eines Direktors in Erwägung zog, erschien im Januar 1853 in der von Frankel herausgegebenen Monatsschrift für Geschichte und Wissenschaft des Judenthums ein Aufsatz von demselben über die Lage des Judenthums in der Gegenwart, in welchem mit solcher Klarheit, Entschiedenheit und Begeisterung die Nothwendigkeit und die ideale Aufgabe eines Rabbinerseminars dargestellt war, der den auf Erhaltung des Judenthums und seiner Wissenschaft abzielenden Intentionen des verewigten Jonas Fränckel und der Curatoren seiner Stiftungen so vollständig conform war, dass unter Urtheilsfähigen kein Zweifel sein konnte: Frankel und kein Anderer war der Mann, der das grosse Werk zu glücklichem Gedeihen führen konnte. In der That, wenn Jonas Fränckel der hochsinnige Begründer, so ist Zacharias Frankel der wahre Vater des Seminars geworden. — Frankel, der seit Jahren in der Begründung eines Rabbinerseminars das höchste Ziel seiner Bestrebungen erblickt hatte, wusste, dass er der Anstalt unentbehrlich sei — er hat es ohne Ueberhebung und ohne Rückhalt wiederholt ausgesprochen —, und wie enge Bande ihn auch an die Dresdener Gemeinde fesselten, wie schwer es ihm auch ward, von ihr zu scheiden, in deren Mitte er siebzehn Jahre lang segensreich gewirkt hatte, er erkannte es als heilige Pflicht, die am 7. Februar 1853 vom Curatorium an ihn ergangene Berufung anzunehmen, zuerst provisorisch, ein Jahr später definitiv. Mit welchem Feuereifer er den grossen Gedanken erfasste, mit welchem jugendlichen Enthusiasmus er ans Werk ging, möge einer der vielen herrlichen Briefe erweisen, die aus seiner Hinterlassenschaft noch der Veröffentlichung harren (s. Beilage D). Derselbe ist bei Gelegenheit einer am 27. und 28. März 1853 nach Dresden berufenen Conferenz geschrieben, in welcher endgültig über die Organisation des Seminars entschieden werden sollte. Für diese Conferenz arbeitete Frankel einen ins Detail gehenden Organisationsplan aus, der von den anwesenden Curatoren, Fachmännern und Freunden der Anstalt — unter ihnen Dr. Beer in Dresden, Dr. Grätz aus Berlin, Dr. Sachs aus Berlin, L. Milch, Sanitätsrath Dr. J. Levy aus Breslau, Joseph Lehmann aus Glogau — durchaus gebilligt und angenommen ward. Die Grundzüge dieses Planes sind im Februar 1854 in der Monatsschrift für Geschichte und Wissenschaft des Judenthums veröffentlicht worden; die nicht veröffentlichte, in mehrerer Hinsicht interessante Einleitung verdient auch jetzt noch eine wenigstens auszugsweise Mittheilung (s. Beilage E).

Diesem Plane zufolge sollte das Seminar aus zwei getrennten Abtheilungen bestehen; die untere sollte die klassischen Studien und Realien einer Gymnasial-Sekunda und Prima mit den theologischen Studien verbinden; in der oberen sollten die einer theologischen Fakultät entsprechenden Disciplinen aus dem Gebiete der jüdischen Theologie gelehrt, die eigentlichen Universitätsstudien aber, um die Schüler der Anstalt vor jeder wissenschaftlichen und religiösen Einseitigkeit zu bewahren, an der Breslauer Universität absolvirt werden und ebensowohl historische und philologische, wie orientalische und philosophische in sich schliessen. Aus gleichem Grunde wurde der Gedanke, das Seminar zu einem Alumnat mit klösterlicher Zucht und Abgeschiedenheit zu machen, aufs strengste abgewiesen. Eine dem Willen des Testators entsprechende Begründung einer Abtheilung zur Ausbildung von Religionslehrern ward ebenfalls ins Auge gefasst und auch für diese ein ins Einzelne gehender Lehrplan vorgelegt.

Auf Grund dieses Planes wurden die im Seminar zu lehrenden Fächer nach aufsteigenden Lehrjahren und Cursen geordnet; für die künftigen Rabbiner ward ein siebenjähriger, für die künftigen Religionslehrer ein dreijähriger Cursus festgestellt. Als Lehrgegenstände für das Rabbiner-Seminar wurden genannt:

Heilige Schrift und deren Exegese mit Einschluss der Targumim.
Hebräische und aramäische Sprache.
Geographie von Palästina.
Historische und methodologische Einleitung in Mischna und Talmud.
Babylonischer und palästinensischer Talmud.
Klassische Sprachen und Realien.
Geschichte der Juden, verbunden mit Geschichte der jüdischen Litteratur.
Midraschim.
Religionsphilosophie und Ethik nach jüdischen Quellen.
Rituelle (talmudische) Praxis.
Geist des mosaisch-talmudischen Kriminal- und Civilrechts mit besonderer Hervorhebung des mosaisch-taldmudischen Eherechts.
Pädagogik und Katechetik.
Homiletik.

Für das Lehrerseminar, das später ins Leben treten sollte, wurden folgende Lehrgegenstände festgestellt:
Bibel (in der Ursprache).
Exegese.
Hebräische Sprache.
Geographie von Palästina.
Mischna.
Lesen ethischer Werke.
Glaubens- und Pflichtenlehre.
Methodik, Pädagogik und Pflichtenlehre.
Litterärgeschichte und Geschichte der Juden.
Gesangunterricht.
Jüdische Cursivschrift.

Nachdem in späteren gemeinsamen Berathungen und Erörterungen des Curatoriums und des Direktors das Statut der Anstalt entworfen und endgiltig festgestellt war, wurde es von der Königlichen Regierung am 10. April 1854 bestätigt, während das Seminar als Fränckelsche Stiftung bereits am 31. März 1847 die Königliche Sanction erhalten hatte. Diese Statuten haben im Einzelnen im Laufe der Jahre mannigfache Verbesserungen und Erweiterungen erfahren: im grossen Ganzen und in ihren Grundgedanken aber haben sie die Feuerprobe einer fünfundzwanzigjährigen Anwendung glänzend bestanden.

Der günstige Stern, der der Berufung des Direktors geleuchtet hatte, waltete auch über der Wahl der Lehrer. In Dr. Jacob Bernays, damals Privatdocent zu Bonn, und Dr. H. Grätz zu Berlin erhielt die Anstalt als ordentliche Lehrer zwei Männer, deren Anhänglichkeit an die väterliche Religion, deren Leistungen als Gelehrte, deren Liebe und Hingebung für das neue Unternehmen sie zu den besten, treuesten Mitarbeitern Frankels machte. Neben diesen in jeder Hinsicht hervorragenden Männern wurden zuerst als Hilfslehrer, später als ordentliche resp. ausserordentliche Lehrer angestellt: Dr. B. Zuckermann für Naturwissenschaften und Mathematik, Dr. M. Joël für klassische Sprachen und später auch für Homiletik, Holländer für Deutsch und Französisch. Der letztere schied jedoch nach einigen Jahren treuer Pflichterfüllung aus und die von ihm gelehrten Disciplinen übernahm Dr. Joël. Der Gesang- und Turnunterricht ward anderen tüchtigen Lehrkräften übertragen.

Unentbehrlich für eine Anstalt, wie die zu gründende werden sollte, ist eine ausreichende Büchersammlung. Auch eine solche ward dem Seminar noch vor seiner officiellen Eröffnung im Jahre 1854 zu Theil. Es gelang dem Curatorium, die berühmte, an Handschriften, seltenen Drucken und werthvollen Werken aus dem Gebiete der jüdischen Theologie reiche Saravalsche Bibliothek zu erwerben und so der Anstalt diejenigen litterärischen Hilfsmittel zu gewähren, deren Lehrer und Schüler für ihre Studien und für Zwecke des Unterrichts bedurften. Durch stetige Vermehrung und grosse Schenkungen ist diese Bibliothek allmälig zu einer auch für Geschichte und Philologie reichhaltigen, für einzelne Zweige der jüdischen Theologie reichsten Bibliothek Deutschlands herangewachsen (s. Statistisches, Abschn. D).

Ueber die materiellen Mittel, welche der Anstalt zur Verfügung gestellt wurden, theilt das Fundationsprotokoll vom 24. Mai 1854 und der Bericht des Curatoriums „Zur Geschichte des Seminars" vom 10. August 1854 (S. 8) Folgendes mit:

„In Hypotheken und Effekten ist der Anstalt ein Betriebskapital von 100,000 Thalern übergeben, dessen jährliche Zinsen gegenwärtig 4775 Thaler betragen.

Ferner ein Grundkapital des Lehrerpensionsfonds von 3000 Thlr.; ferner ein Kapital zur Fundirung von Freitischen oder Stipendien für auswärtige Schüler der Anstalt von 5000 Thlr.

Der Zinsenlauf sämmtlicher vorstehender Stiftungskapitalien zu Gunsten des jüdisch-theologischen Seminars ist vom 1. April d. J. ab beginnend festgesetzt. Die Hypotheken werden auf den Namen der Stiftung überschrieben.

Diesen Kapitalien in Hypotheken und Effekten tritt als weiteres Stiftungsvermögen der durch die neuen inneren Einrichtungen erhöhte Werth des der Stiftung überwiesenen Grundstücks nebst Inventarium hinzu, und endlich die Bibliothek, mit deren Bildung bereits vorgeschritten ist und immer noch fortgefahren wird.

Zur Ergänzung obiger Anführungen wollen wir noch bemerken, dass die alljährliche Vergrösserung des für den Pensionsfonds bestimmten Grundkapitals im Statut vorgesehen ist, und dass an der Verwaltung desselben das Lehrerkollegium selbst Antheil haben wird. Eines Zuwachses erfreut dieser Fonds sich bereits durch ein Geschenk von 500 Thalern, aus der Hand eines im stillen Wohlthun geübten Mannes."

So war denn, wie man annehmen durfte, nach allen Seiten aufs beste für das Seminar vorgesorgt worden. Als es am 10. August feierlich eröffnet ward, bildeten Direktor und fünf Lehrer seinen Lehrkörper, und fünfzehn junge Männer aus verschiedensten Theilen Deutschlands konnten als Schüler aufgenommen werden. Das Curatorium aber durfte mit gutem Rechte am Schlusse seines Berichtes über die Gründung der Anstalt sagen: „Im Geiste des verklärten Stifters haben wir die Warte des Glaubens, die Stätte der Wissenschaft errichtet und sie bewährten Händen anvertraut: Sie werden sie pflegen und mit Gottes Hilfe zu Gedeihen bringen!"

Das Seminar in seinem Bestehen.

In einer Zeit allgemeiner Schlaffheit und religiöser Gleichgiltigkeit hatte unverdrossene Kraft, eifrige Pflichttreue und begeisterungsvolle Religiosität eine grosse Idee ins Leben gerufen: eine breite Basis war ihr durch die Berufung der tüchtigsten Lehrkräfte, durch einen für damalige Verhältnisse reichen Fonds gegeben worden; nun erhob sich unter der Leitung eines Mannes, wie Frankel, der Milde mit Strenge, Liebe zur Anstalt mit rastlosem Fleisse paarte, mit der Hilfe von Männern wie Bernays und Grätz, Joël und Zuckermann in stetigem Wachsen der weitere Bau. Die grossen äusseren

Hemmnisse des Unternehmens waren in den Jahren der Schöpfung und Organisation gehoben: jetzt galt es — und das war ein Werk von nicht geringerer Schwierigkeit — das Geschaffene zu erhalten, zu sichern, auszubauen. — Jahre stiller Arbeit, geräuschloser Lehrthätigkeit folgten der Eröffnungsfeier. Wenig ist über dieselben zu berichten. Das Princip, das Frankel bei der Eröffnung auf die Fahne der Anstalt geschrieben hatte, das alle einleitenden Schritte begleitet hatte, ward immer mehr als das rechte erkannt: Religion und Wissenschaft sollten zu lebendiger Einheit verbunden, jede Einseitigkeit abgewehrt, die geistige Kraft des uralten jüdischen Glaubens sollte auch in den Welt und Religion erschütternden Zeiten des 19. Jahrhunderts erkannt, bewährt und dargelegt, die jüdische Theologie aus ihrer Vereinsamung, ihrer Verkümmerung und Niedrigkeit gerissen, in ihr der Einheitspunkt gefunden und festgehalten werden in der zerstreuenden, verwirrenden Mannigfaltigkeit der religiösen Richtungen, die das Judenthum der Gegenwart aufweist. Damit war an Lehrer und Schüler ein ungewöhnliches Mass von Anforderungen gestellt; denn jene sollten zwei als disparat geltende Gebiete zugleich beherrschen, diese auf beiden sich heimisch machen. Um so schwerer war diese Aufgabe, als der Studiengang der eintretenden Schüler eine gleichmässige Ausbildung auf den Gebieten der jüdischen Theologie und der profanen Wissenschaften nur in den seltensten Fällen ermöglicht hatte und die Kenntnisse Vieler entweder auf dem einen oder auf dem anderen Gebiete weite Lücken zeigten. Diese auszufüllen war denn das unverdrossene Streben der vereinten Lehrkräfte, wobei sie von verschiedensten Seiten Förderung und Unterstützung fanden. — Den älteren Schülern ward im Jahre 1855 durch eine Preisstiftung Gelegenheit geboten, in edlem Wettstreite ihre wissenschaftliche Kraft zu bewähren. Herr J. Lehmann aus Glogau, der vom Beginne der Vorarbeiten für die Gründung des Seminars dem Curatorium mit treuer Hingebung rathend und helfend zur Seite gestanden hatte, übergab dem Seminar ein Kapital von 1800 Mark, aus dessen Zinsen ein Stipendium demjenigen Schüler des Seminars zuerkannt werden sollte, der über ein wissenschaftliches Thema die beste Arbeit liefern würde. Alljährlich ist ein solches Thema seitdem gestellt und der Lehmannsche Ehrenpreis am Sterbetage Jonas Fränckels, dem 27. Januar, den Bewerbern zuerkannt worden. Es sind seit dem Bestehen dieser Preisstiftung wenige Jahre vergangen, in denen eine Arbeit nicht eingeliefert worden wäre; gewöhnlich war vielmehr die Betheiligung der Hörer des Seminars an der Bewerbung um den Lehmann'schen Preis eine äusserst rege. — Auch um die von der Breslauer philosophischen Fakultät ausgeschriebenen Preise haben sich Schüler des Seminars wiederholt beworben und viermal ist ihnen der Preis zuerkannt worden: bei der im Verhältniss zu den Studirenden der Universität sehr geringen Zahl der Seminaristen ein bemerkenswerthes Zeugniss für das wissenschaftliche Streben, das sie beseelt.

Dass die religiöse und wissenschaftliche Richtung des Seminars überall in Deutschland Anklang und Anerkennung fand, bewiesen die vielen Zeichen der Zuneigung und Anerkennung, die ihm schon in den ersten Jahren seines Bestehens zu Theil wurden. Viele Privatleute, Gemeinden und Behörden bezeigten ihm ihre wohlwollende Theilnahme durch Zuweisung von Stipendien an bedürftige Studirende, durch Bereicherung der Seminarbibliothek und sonstige Förderung der Zwecke der Anstalt. Ehrend müssen wir als Gönner und Wohlthäter des Seminars unmittelbar nach seiner Gründung nennen: die israelitischen Gemeinden von Baja, Beuthen, Oppeln, Prag, Wien, den Verein Tiferet Bachurim zu Hannover, die Herren A. Lehren aus Amsterdam, S. Frankel aus Prag, A. G. Itzig aus Nakel, M. C. Friedenthal aus Breslau, R. Kirchheim zu Frankfurt a. M., Oberrabbiner Rapoport zu Prag u. A.; endlich, was mit besonderem Danke hervorgehoben sein möge, auch mehrere christliche Behörden und Private, wie den Magistrat zu Hildesheim, den Herrn Oberbürgermeister von Detmold u. A. — Für die aus Oesterreich stammenden conscriptionspflichtigen Schüler der Anstalt war es von hohem Werthe, dass das K. K. Oesterreichische Cultusministerium am 7. Mai 1855 den Besuch des Seminars österreichischen Rabbinats-Candidaten gestattete. — Noch im Jahre 1855 ging auf Anregung des Direktor Frankel aus der Mitte der Studirenden ein Verein zu gegenseitiger Unterstützung und Hilfeleistung hervor — Liwjath-Chen von den Gründern desselben genannt. Von kleinsten Anfängen, mit bescheidenen Mitteln beginnend, hat dieser Verein von Jahr zu Jahr eine immer wachsende erfolgreiche Thätigkeit ausgeübt, und er wirkt noch jetzt segensreich für das Wohl seiner Mitglieder (s. Statistisches, Abschnitt F).

Es bedarf in einer Geschichte des Seminars kaum ausdrücklicher Erwähnung, dass alle die festlichen Begebenheiten, welche das Volk Preussens und Deutschlands seit dem Jahre 1854 gefeiert hat, auch das Curatorium, die Lehrer und Schüler der Anstalt zu erhebender gottesdienstlicher Feier vereinigt haben. Seit uralter Zeit hat ja das Judenthum, getreu der Mahnung des Propheten Jeremias (cap. 29, 7), es für eine heilige Pflicht gehalten, für das Heil des Königs zu beten, dem es Schutz und Sicherheit verdankt, den göttlichen Segen für das Wohl des Landes zu erbitten, in dem es eine friedliche Wohnstätte, ein wahres Vaterland gefunden hat. Während der Regierung Seiner Majestät des hochseligen Königs Friedrich Wilhelm IV. fand der 15. Oktober, unter der Herrschaft Sr. Majestät des Kaisers und Königs Wilhelm I. sah der 22. März jedes Jahres die Angehörigen und Freunde des Seminars im Actussaale versammelt, um den Geburtstag des Königs festlich zu begehen. Das Gebet für das Wohl des Königs (המלך תשועה) ward gesprochen, Hymnen zu seinem Preise gesungen, und oft wiesen gehaltvolle Festreden des Direktors der Anstalt oder des Dr. Joël auf die hohe Bedeutung der Feier hin. Einige von diesen Reden sind in den alljährlich erscheinenden Programmen des Seminars auszugsweise mitgetheilt. — Wenn an solchen Tagen, wie bei allen das deutsche Volk bewegenden Anlässen, das Seminar ein dem ganzen Vaterlande gemeinsames Fest beging, so war Ein Tag im Jahre seinen eigenen Erinnerungen, der Feier seines Wohlthäters und Stifters, dem Andenken Jonas Fränckels bestimmt. Statutenmässig wurde alljährlich am 27. Januar die Gedächtnissfeier des edlen Mannes begangen und mit derselben die Verlesung der gekrönten Preisschriften, die Vertheilung der Stipendien, später auch die Entlassung der Schüler nach abgelegtem Rabbinats-Examen verbunden.

Im Jahre 1857 ward für die aus den Gymnasialklassen des Seminars zu entlassenden und auf die Universität übertretenden Schüler des Seminars eine Prüfungsordnung entworfen. Das Abiturientenexamen sollte eine schriftliche und eine mündliche Prüfung umfassen. Von schriftlichen Arbeiten sollten angefertigt werden: ein griechisches und ein lateinisches Scriptum, ein deutscher Aufsatz und mathematische Aufgaben. Erst die befriedigende Absolvirung des schriftlichen Examens sollte die Zulassung zur mündlichen Prüfung zur Folge haben. Diese sollte sich auf Bibelexegese, Lectüre griechischer und lateinischer Classiker, auf Geschichte, Mathematik und Physik erstrecken. — Diese Bestimmungen sind für die Abiturientenprüfungen des Seminars im Wesentlichen bis auf die neueste Zeit massgebend geblieben. Sie legen den Nachdruck auf ein im Examen zu bewährendes reifes Verständniss für den Geist des Alterthums, seine Sprache und Geschichte, sowie auf untadeligen Ausdruck der Gedanken im Gebrauche der deutschen Sprache. Nicht gar zu empfindliche Lücken sollen durch besonders hervorragende Leistungen auf dem Gebiete der hebräischen Disciplinen compensirt werden können. Auf Grund dieser Anordnungen fand am 5. August 1857 die erste Prüfung der Abiturienten statt, und zwei Schüler, die sich derselben unterzogen, erhielten das Zeugniss der Reife zum Besuche der Universität.

Als das Seminar die ersten Stadien seiner Entwickelung glücklich durchlaufen hatte, ward der nie aus den Augen verlorene Plan verwirklicht, mit dem Rabbinerseminar ein Lehrerseminar zu verbinden. Schon im Jahre 1857 ward dieses letztere mit allerdings nur wenigen Schülern eröffnet. Da die vorhandenen Lehrkräfte zur Ertheilung des vielseitigen Unterrichts in dieser dritten Abtheilung nicht ausreichten, wurden Hilfskräfte herangezogen, von denen besonders der, leider früh verstorbene, hochbegabte Schüler des Rabbiner-Seminars, Dr. phil. Seligsohn erwähnt sei. Nach wie vor aber lag selbstverständlich der Schwerpunkt der Anstalt in der Rabbiner-Abtheilung und den theologischen Disciplinen, was denn, wie längst vorausgesehen war, eine ungleiche Entwicklung der beiden Seminarien und manche andere Unzuträglichkeiten im Gefolge hatte. Trotz dieser Schwierigkeiten erzielte die angestrengte Thätigkeit der Lehrer und der unverdrossene Eifer der Schüler gute Erfolge. Am 19. September 1859 wurden die ersten drei am Seminar gebildeten Religionslehrer nach gut bestandenem Examen entlassen und fanden sämmtlich sehr bald Anstellung in ansehnlichen jüdischen Gemeinden. Die Prüfung, der sie sich unterziehen mussten, umfasste folgende Gegenstände: Pentateuch, ältere Propheten, ein Buch der Psalmen, hebräische Grammatik, Raschi, leichtere Stellen aus Nachmanides' und Ibn Esras Pentateuchcommentar, hebräisch-ethische Werke, Orach-Chajim, jüdische Geschichte, systematische Religionslehre, Katechetik.

Die Frequenz der beiden Abtheilungen des Seminars nahm in diesen Jahren stetig zu und erreichte ihr Maximum im Jahre 1866, in welchem die Zahl der Schüler 58 betrug. — In gleichem Verhältnisse mehrten sich die Zeichen des Wohlwollens, welche von allen Seiten dem Seminar entgegengebracht wurden. Der Stipendienfonds zur Unterstützung bedürftiger strebsamer Schüler ward durch viele ansehnliche Schenkungen vermehrt und nicht minder wuchsen in Folge zahlreicher Zuwendungen die Bücherschätze der Bibliothek.

Im Jahre 1862 ward dem Lehrercollegium zum ersten Male die Freude zu Theil, mehreren Schülern der Anstalt nach mehrtägigem rigorosen Examen die Befähigung zur Uebernahme des Rabbiner- und Predigeramtes aussprechen zu können. — Das Rabbinatsexamen stellte an die Candidaten nicht gewöhnliche Anforderungen. Zunächst ward denselben ein wissenschaftliches Thema aus dem Gebiete der am Seminar gelehrten theologischen Disciplinen zur Bearbeitung gegeben und eine Reihe von schwierigen die Halacha betreffenden Fragen (שאלות) zu schriftlicher Beantwortung vorgelegt. Das mündliche Examen, in das die Candidaten nach befriedigender Absolvirung des schriftlichen eintraten, umfasste Talmud und Decisoren, Bibelexegese, Commentatoren und alte Uebersetzungen der Bibel, Religionsphilosophie, jüdische Geschichte und jüdisches Kalenderwesen. Endlich sollte ein öffentlicher Lehrvortrag über eine talmudische Materie die Reife in freier Erfassung und Darstellung eines talmudischen Stoffes darlegen. — Nachdem die für die erste am Seminar stattfindende Rabbinerprüfung gemeldeten drei Candidaten allen diesen Anforderungen genügt und ihre Befähigung zum Amte des Rabbiners und Predigers aufs glänzendste bekundet hatten, fand am 3. April 1862 der Entlassungsact statt, durch welchen ihre Promovirung zu Rabbinern in Gegenwart der Behörden und zahlreicher Freunde des Seminars feierlichst ausgesprochen ward. Näheres über diese erhebende Feier theilt die Monatsschrift für Geschichte des Judenthums vom Mai 1862 mit.

Wenn so manches freudevolle Ereigniss Anlass zu frohem Danke gegen die Vorsehung gab, so hatte die Anstalt in dieser Zeit doch auch viele herbe Verluste zu beklagen, deren nicht erfreulicher Mittheilung dieser Bericht zum Theil schon voraufgeeilt ist. Am 1. Juli 1861 verschied Dr. Bernhard Beer in Dresden, einer der eifrigsten treuesten Freunde des Seminars und seines Direktors. Was er als Mensch in seinem engeren Kreise, was er als Gelehrter der Wissenschaft bedeutete, wie viel durch seinen vorzeitigen Hintritt das Judenthum verlor, das hat in ergreifender Weise Frankel dargestellt in einem von treuer Freundschaft, von rührender Wehmuth gezeichneten Lebensbilde Beers, das 1862 von ihm veröffentlicht worden ist. Das Andenken Beers wird nicht blos durch pietätvolle Erinnerung an den einstigen Freund und Gönner der Anstalt erhalten; es knüpft sich noch an eine grossartige Zuwendung, die vom Verewigten und seiner hochherzigen Gemahlin dem Seminar gemacht worden ist. Der grössere Theil seiner bedeutenden theologischen Bibliothek, nämlich 37 Manuscripte, 1812 hebräische und 1695 nichthebräische Werke, wurde von Frau Dr. Beer dem Seminar übergeben. In einem besondern Raume als Dr. B. Beersche Bibliothek aufgestellt, bewahrt auch sie den Namen des hochverdienten Mannes zu ehrendem Gedenken.

Am 16. Februar 1862 beging das Seminar die Trauerfeier um des hochseligen Königs Friedrich Wilhelm IV. Majestät. Mit der Trauer des preussischen Volkes verband sich für das Seminar die Klage um das Hinscheiden des hochsinnigen, frommen und geistvollen Monarchen, dessen Wort in der Kabinetsordre vom 31. August 1847 der Anstalt die Grundlage ihres Bestehens gegeben hatte. Jede Sorge um die Zukunft des Vaterlandes aber durfte schwinden, da Se. Majestät, König Wilhelm I., der nunmehr den Preussischen Königsthron bestieg, durch die hohen Regententugenden, die ihn beseelten, durch die Kraft und die Weisheit, mit der er schon zwei Jahre vorher den Staat geleitet hatte, allen treuen Bürgern des Staates die frohe Zuversicht gab, seine Regierung werde eine glückliche, für Preussen und Deutschland ruhm- und segensreiche sein. „Die verehrungsvolle Liebe des Volkes und die Bewunderung naher und ferner Staaten kommen Ihm entgegen", so sprach Direktor Frankel am 18. Oktober 1862, dem Tage der Krönungsfeier Sr. Majestät, und der Fortgang Seiner Regierung hat gezeigt, wie wohlverdient diese Liebe und Bewunderung waren.

Gegen Ende des Jahres 1863 hatte das Seminar das Ausscheiden eines seiner tüchtigsten Lehrer, des Dr. Joël, zu beklagen, da derselbe um diese Zeit das ihm übertragene Amt eines Rabbiners der Breslauer jüdischen Gemeinde übernahm. Er hatte seit der Gründung des Seminars mit grösstem Erfolge, mit herzlicher, liebenswürdiger Zuneigung zu seinen Schülern seines Lehramtes gewaltet. Die Liebe seiner Collegen, die dankbare Anhänglichkeit seiner Schüler folgte ihm in das neue Amt: er selbst hat sein Interesse für die Anstalt bis auf diesen Tag bewahrt und bewährt.

Die von Dr. Joël bisher gelehrten theologischen Disciplinen übernahmen Direktor Frankel und Dr. Bernays, den Unterricht in den klassischen Sprachen und der Geschichte Dr. phil. G. Löwe aus Ratibor (in Schlesien) und nach dessen Berufung an eine andere Lehranstalt, im Oktober 1864 Dr. phil. J. Freudenthal aus Bodenfelde (in Hannover). Um dieselbe Zeit, da das Seminar das erste Decennium seines Bestehens zurückgelegt hatte, entriss ihm der Tod in rascher Folge die Männer, deren kräftiger Leitung und treuer Fürsorge es sein Dasein verdankte: am 22. Juni 1864 starb Curator Sanitätsrath Dr. J. Levy, am 31. August desselben Jahres ward Curator L. Milch in das Jenseits abgerufen; am 29. Juli 1865 folgte seinen beiden Collegen Curator J. Prinz ins Grab. Es war den trefflichen Männern die Genugthuung zu Theil geworden, nach den Mühen und Sorgen des Vorbereitens und Schaffens die Freude des Gelingens in vollem Masse zu geniessen, zu sehen, wie die von ihnen ins Leben gerufene Anstalt gleich den übrigen Fränckelschen Stiftungen unter Gottes Beistande fröhlich gedieh, wie die Schüler aus allen Theilen Deutschlands, ja Europas ihr zuströmten, wie das Vertrauen der besten Männer und der bedeutendsten Gemeinden Deutschlands sich ihr zuwendete und ihre einstigen Hörer als Rabbiner, Prediger und Gelehrte, als gute Bürger und wahre Israeliten im Geiste des Seminars segensreich wirkten. Als sie sich sagen konnten, dass ihr Tagewerk gethan und gelungen sei, wurden sie abgerufen. Ins Grab aber nahmen sie den Dank und die Liebe Aller, die ihnen nahe gestanden hatten, und das frohe Bewusstsein, die Begründer eines grossen Werkes gewesen zu sein. Ihr Gedächtniss überliefert das Seminar noch den späten Enkeln zu dankbarer Verehrung!

An die Stelle der hingeschiedenen ersten Curatoren des Seminars traten Stadtrath Dr. jur. Marck, Assessor H. Milch und Dr. med. Lobethal.

Im März 1866 erlitt das Lehrercollegium einen neuen Verlust, als Dr. Bernays aus seiner Mitte schied, um einem Rufe als ausserordentlicher Professor und Oberbibliothekar an die Bonner Universität zu folgen. Die Anstalt sah den gefeierten Lehrer und Meister mit grossem Schmerze scheiden. Seine umfassende Gelehrsamkeit, sein heller Geist, sein echt religiöser Sinn waren dem Seminar ein reicher Schatz gewesen, den es schwer entbehren lernte. Seine grossen Verdienste um die Förderung wahrhaft wissenschaftlichen Strebens unter den Schülern der Anstalt werden von ihr nie vergessen werden.

Die von Professor Dr. Bernays und Dr. Joël bis zu ihrem Ausscheiden gelehrten Disciplinen wurden nunmehr derart vertheilt, dass

Dr. Freudenthal und der im Oktober 1866 aus Berlin neu berufene, bisherige Direktor der dortigen Religionsschule, Dr. David Rosin als ordentliche Lehrer der Anstalt den Unterricht in den klassischen Sprachen und Realien gemeinsam übernahmen, Dr. Freudenthal ausserdem Religionsphilosophie und Hellenistika, Dr. Rosin Homiletik und exegetische Litteratur lehrte.

Im Jahre 1867 standen die Leiter der Anstalt vor der Nothwendigkeit, die Lehrerabtheilung derselben aufzulösen. Die schweren Bedenken, die von kundigen Männern lange vorher gegen die Vereinigung eines Lehrer- und Rabbinerseminars geltend gemacht worden waren (s. Beilage C), erwiesen sich je länger desto mehr als durchaus berechtigt. Die Lehrkräfte des Seminars reichten nicht aus, um den Zielen beider Anstalten zu genügen; die Verwendung von Hilfslehrern erwies sich als ebenso unzureichend, wie eine Combinirung der Abtheilungen zu gemeinsamem Unterrichte. Die Ausbildung der Schüler des Lehrer-Seminars litt sehr durch die natürliche Hinneigung derselben zu der für höhere Ziele bestimmten Rabbinctabtheilung. Dazu kam, dass das Bedürfniss einer der Ausbildung von jüdischen Religionslehrern gewidmeten Anstalt kein dringendes mehr war, weil inzwischen an mehreren Orten Deutschlands derartige Institute begründet worden waren. Da nun die Zahl der Schüler in der Lehrerabtheilung bis auf drei gesunken war, musste sich das Curatorium entschliessen, dieselbe eingehen zu lassen. Dem Willen des Stifters, dass die Anstalt ein „Rabbiner- und Lehrerseminar" sein solle, ward man durch diesen Beschluss nicht untreu, da die Rabbinerabtheilung selbst ihre Schüler zu Rabbinern und Lehrern auszubilden bemüht war, wie schon die Thatsache ergab, dass fast alle ihre ehemaligen Schüler nicht blos als Prediger, sondern auch als Lehrer der jüdischen Religion an öffentlichen und Religionsschulen wirkten.

An hellen Lichtblicken in dieser, in manchen Beziehungen unerfreulichen Zeit fehlte es dem Seminar nicht. Solch ein Lichtblick war die Gründung des jüdisch-theologischen Vereins. Die ehemaligen Schüler des Seminars, über alle Theile Deutschlands zerstreut, hegten im Gefühle ihrer Zusammengehörigkeit und der Anhänglichkeit an das Seminar den Wunsch, in alljährlich wiederkehrenden Zusammenkünften zu Breslau, in unbefangenem persönlichem Verkehr einander wiederzufinden und zu gemeinsamem Handeln für bedeutende wissenschaftliche und praktische Zwecke sich zu vereinigen. Aus diesem Wunsche und der überall fördernden Anregung Frankels ging im Jahre 1868 der jüdisch-theologische Verein hervor, der bald auch mehrere nicht aus dem Seminar hervorgegangene Rabbiner Deutschlands zu seinen Mitgliedern zählte.

Sein Zweck ist im Vorstehenden schon ausgesprochen. Er sollte in lebendigem Gedankenaustausch über Wissenschaft und Leben seine Mitglieder fördern, sie aus der Trennung und Vereinzelung zu gegenseitiger Belehrung und Förderung zusammenführen und durch persönlichen Verkehr mit den Lehrern des Seminars, das allen, auch auf entferntesten Punkten lebenden, einstigen Schülern als das Centrum ihrer Bestrebungen erschien, den Sinn für echte Wissenschaftlichkeit wach erhalten. Das religiöse Programm des Vereins ward auf einer Versammlung vom 29. Juni bis 1. Juli 1869 in folgender Resolution ausgesprochen:

„Der jüdisch-theologische Verein erklärt bei seinem Zusammentritte im Hinblick auf die gegenwärtigen Bewegungen innerhalb des Judenthums:

Wir stehen auf dem Boden des positiven Judenthums, dessen Erhaltung und Kräftigung höchstes Ziel unseres Strebens ist. Wir wollen die Einheit und Einigkeit der jüdischen Gemeinden fördern, indem wir von Stabilität und Reformsucht gleichweit entfernt, nur solche Neugestaltungen als zulässig anerkennen, welche in innigem Zusammenhange mit der Vergangenheit bleiben und aus der Bibel und dem Talmud ihre Berechtigung nachweisen lassen. Wir verwerfen daher entschieden alle Bestrebungen, die entweder mit dem traditionellen Judenthume brechen oder in starrer Consequenz allen Anforderungen der Gegenwart sich verschliessen und dadurch geeignet sind, Zwiespalt in den Gemeinden zu erzeugen."

In derselben Versammlung ward der Beschluss gefasst, „der Verein solle die Einführung des Religionsunterrichtes als eines obligatorischen Lehrgegenstandes in den höheren Lehranstalten des Staates erstreben und die jüdischen Gemeinden Deutschlands zu einer Gesammtpetition anregen". Die beklagenswerthe Lage, in welcher der jüdische Religionsunterricht, besonders in den norddeutschen Staaten sich befand, die vielfach constatirte Thatsache, dass Tausende von Kindern in Deutschland alljährlich aus den Schulen entlassen wurden, denen jede Gelegenheit, ihre Religion und die hebräische Sprache auf der Schule kennen und lieben zu lernen, fehlte, veranlasste das geschäftsleitende Comité, sofort die nöthigen Schritte zur Ausführung dieses Beschlusses zu thun. Eine Petition an das Königl. Preussische Ministerium ward entworfen, und die jüdischen Gemeinden Preussens wurden zum Anschlusse aufgefordert. Die grössten und bedeutendsten Gemeinden Deutschlands entsprachen mit Freude dieser Aufforderung, einige wenige aber lehnten sie ab. In der Tagespresse ward die Petition zum Gegenstande vielfacher Erörterungen, lebhafter Zustimmung, aber auch bitterer Verdächtigung und feindlicher Anklagen gemacht, in Folge deren ein augenblicklicher Erfolg nicht erreicht ward. Doch blieb die gegebene Anregung nicht fruchtlos. Wenige Jahre genügten, um diejenigen, welche am entschiedensten gegen die Betheiligung an der Petition des Vereins geeifert hatten, von der Zweckmässigkeit derselben zu überzeugen. Nicht bloss die jüdischen Gemeinden, auch das Königl. Preussische Ministerium des Cultus und die hohen Schulbehörden erkannten es als eine gerechte, dem Staate und der Religion gleich nützliche Forderung, dem jüdischen Religionsunterrichte in den höheren Schulen eine würdige Stellung neben dem als obligatorischen Lehrgegenstand längst anerkannten christlichen Religionsunterrichte einzuräumen, und so wurde die vom jüdisch-theologischen Verein angeregte und lebhaft erstrebte Massregel fast allgemein — wenigstens in den grösseren Städten Preussens — durchgeführt.

Auch von diesem grossen Erfolge des Vereins abgesehen, haben die Zusammenkünfte desselben den Mitgliedern vielfache Anregung und Förderung gebracht und werden denen, die an ihnen Theil genommen haben, unvergesslich bleiben. Trotzdem hat der Verein keine lange Dauer gehabt. Er verlangte von seinen Mitgliedern zu grosse Opfer. Es war vielen Mitgliedern geradezu unmöglich, alljährlich aus grösster Entfernung nach Breslau zu kommen. So unterblieben denn bald die Versammlungen, und auch die schönen wissenschaftlichen Zwecke, die der Verein sich gestellt hatte, fanden nur theilweise Ausführung.

Das Jahr 1870 zunächst war nicht geeignet zu friedlich wissenschaftlichen Zusammenkünften: es forderte andere wichtigere Leistungen. Tausende von jüdischen Soldaten standen in dem glorreichen, Deutschland aufgezwungenen Kampfe auf französischem Boden: ihnen fehlte gänzlich, was ihren christlichen Mitkämpfern der Staat selbst entgegenbrachte, die Gelegenheit, im Vereine mit ihren Glaubensgenossen aus den Wirren und Schrecknissen des Kampfes beteud zu Gott das bedrängte Gemüth zu erheben; in Stunden der Gefahr und des Todes, in den langen qualvollen Tagen der Verwundung vermissten sie schmerzlich die belehrende, erhebende Stimme eines Dieners der jüdischen Religion. Da sandte das Seminar einige seiner Schüler aus, um den Trost der Religion allen denen zu bringen, die seiner begehrten. Dr. A. Lewin, jetzt Rabbiner in Coblenz, und Dr. J. Guttmann, jetzt Rabbiner in Hildesheim, begaben sich als Feldprediger auf das Schlachtfeld. Später trat an Stelle des Letzteren Dr. B. Rippner, jetzt Rabbiner in Gr.-Glogau. Dr. Blumenstein, jetzt Rabbiner in Luxemburg, ging zur Belagerungsarmee nach Metz, predigte und leitete den Gottesdienst in Mitten der stattfindenden Kämpfe an den hohen jüdischen Feiertagen und blieb bei den deutschen Armeen bis zum Ende des Feldzuges. Für seine treuen, der Religion und dem Vaterlande geleisteten Dienste ward er von Sr. Majestät dem Kaiser, Könige von Preussen, mit dem eisernen Kreuze decorirt.

Wenn das Seminar auf diese aufopferungsvollen Leistungen einiger seiner Schüler mit freudiger Genugthuung hinblicken darf, so ward auch dem wissenschaftlichen Streben eines seiner Lehrer in demselben Jahre die ehrendste Anerkennung von Seiten des hohen Cultusministeriums zu Theil. Dr. Grätz, der hochverdiente Verfasser der jetzt in 11 Bänden vorliegenden Geschichte der Juden, ward im Jahre 1870 zum Professor honorarius an der Breslauer Universität ernannt und begann seine Vorlesungen im Sommersemester desselben Jahres, ohne dass seine dem Seminar so wichtige Lehrthätigkeit an demselben eingeschränkt worden wäre.

Am 10. Oktober des folgenden Jahres, 1871, feierte die Anstalt ein schönes Fest, den 70. Geburtstag des Direktors Dr. Frankel. Lange vorher waren Männer der verschiedensten Richtungen, Stände und Berufsarten aus allen Theilen Deutschlands, aus Oesterreich, England, Holland, Dänemark, Frankreich, Russland und Nord-Amerika zusammengetreten, um eine würdige Feier dieses Tages vorzubereiten. Am Festtage selbst wurden dem Jubilar Zeichen treuester Anhänglichkeit, verehrungsvollster Liebe in erdrückender Fülle dargebracht. Behörden, Collegen und Private, ehemalige Schüler und Amtsgenossen in grosser Zahl waren erschienen, um dem Gefeierten in Wort und Schrift, durch Deputationen und Adressen, in schönen Gedenkzeichen und kostbaren Ehrengeschenken zu sagen, wie sehr sie sein Herz und

Geist gewinnendes Walten zu ehren, wie hoch sie seine Bedeutung für das jüdisch-theologische Seminar, für das Judenthum und seine Wissenschaft anzuschlagen wussten, wie innig sie eine noch lange Jahre fortgeführte, gottgesegnete Wirksamkeit erwünschten! Von den Ehrenbezeugungen, die dem Jubilar dargebracht wurden, seien wenigstens die hervorragendsten hier erwähnt. Se. Majestät der Kaiser, König von Preussen ehrte ihn durch Verleihung des Rothen Adler-Ordens, Se. Majestät der Kaiser von Oesterreich durch Ernennung zum K. K. Rath. Das Curatorium der Commerzienrath Fränckel'schen Stiftungen feierte diesen Tag durch Gründung einer „Direktor Dr. Zacharias Frankelschen Stiftung aus Stiftungsmitteln, um aus den Zinsen derselben alljährlich bei der Wiederkehr des heutigen Tages an einen oder mehrere vom Direktor Dr. Z. Frankel zu bestimmende aus dem jüdisch-theologischen Seminar mit dem Zeugniss der Reife entlassene, noch nicht angestellte Rabbiner zum Zweck weiterer wissenschaftlicher Ausbildung ein Stipendium von Einhundert Thalern zu verleihen."

Das Lehrer-Collegium des Seminars weihte dem Jubilar eine Festschrift, deren Einleitung von Professor Grätz verfasst ist und deren Titel lautet: „Einleitung in den Talmud von Joseph ibn Aknin, aus dem Arabischen ins Hebräische übersetzt, zum ersten Mal aus einer Handschrift edirt, nebst Seder Tanaim W'Amoraim, nach einer Handschrift von Neuem edirt."

Die Alliance Israélite universelle ernannte Frankel zum Mitgliede ihres Centralcomités. Das General-Comité für eine Frankel-Stiftung stellte dem Jubilar eine Summe von mehr als 15000 Mark zur Verfügung, um die Zinsen dieses Kapitals einem wohlthätigen oder wissenschaftlichen Zwecke zu widmen. Dem entsprechend ward auf Wunsch Frankels dieses Kapital mit der vom Curatorium der Commerzienrath Fränckelschen Stiftungen zur Verfügung gestellten Summe vereinigt, und es konnten so die edlen Intentionen des Curatoriums in schöner Verbindung der wissenschaftlichen und wohlthätigen Zwecke der Stiftung zu segensreicher Wirksamkeit erfüllt und erweitert werden.

Schon im folgenden Jahre 1872 erlebte Frankel die Freude, nachdem die Allerhöchste Genehmigung der Stiftung erfolgt war, zweien seiner Schüler, die eben entlassen worden waren, aber eine Anstellung noch nicht gefunden hatten, zur Fortsetzung ihrer Studien die Summe von 525 Mark zuweisen zu können. Einer der mit dieser Zuwendung

Bedachten fand unmittelbar darauf eine Austellung als Rabbiner und stellte die empfangene Summe zu anderweitigem Gebrauche der Stiftung wieder zur Verfügung.

Den freudigen Ereignissen, den schönen Erfolgen, die in diesen Jahren zu verzeichnen waren, folgte in der nächsten Zeit eine Reihe von Trauerfällen, die das Seminar schwer trafen. Gegen Ende des Jahres 1873 erlitt die Anstalt einen herben Verlust durch das Dahinscheiden des Dr. med. J. Lobethal, Curators der Fränckelschen Stiftungen. An ihm verlor das Seminar einen Mann, den innige Frömmigkeit des Gemüthes, ein edler wohlthätiger Sinn und feiner Herzenstakt zum treuesten Freunde des Seminars gemacht hatten. Obgleich durch seinen Beruf als vielbeschäftigter Arzt auf ganz andere Gebiete der Wissenschaft gezogen, besass er doch die entschiedenste Hinneigung zur Religion und Wissenschaft des Judenthums. Liebenswürdig im persönlichen Verkehr, lebte er im herzlichsten Verhältnisse zum Direktor und zu den Lehrern der Anstalt; wohlthätig und hilfsbereit stand er den Schülern der Anstalt mit Rath und That helfend zur Seite. Sein Andenken bleibt gesegnet!

An Stelle des Verewigten trat Kaufmann J. Haber, dessen biederer Charakter, aufrichtige Frömmigkeit und warme Theilnahme für die grossen Ziele des Seminars ein eifriges Wirken für die Interessen desselben verbürgten.

Wenige Monate waren nach dem Dahinscheiden des Dr. Lobethal vergangen, da traf die Anstalt der härteste Schlag, der sie treffen konnte: am 13. Februar 1875 starb nach kurzem Krankenlager ihr Direktor, Dr. Zacharias Frankel. Sein Tod ward als ein schwerer unersetzlicher Verlust empfunden, nicht blos von seinen Amtsgenossen, von seinen Schülern, von den Freunden und Gönnern des Seminars. Die Kunde von seinem Hinscheiden drang weit hinaus über die Räume der Anstalt und die Grenzen Deutschlands und fand schmerzlichen Wiederhall bei Allen, denen die Sache des Judenthums heilig war, die Verständniss hatten für den Werth und die Bedeutung eines grossen Mannes. Zacharias Frankel ist es gewesen, der der Anstalt ihre Seele eingehaucht, der noch vor ihrem Entstehen rastlos für sie gesorgt hatte, dessen ganzes Leben und Wirken seit ihrem Entstehen mit ihrem Leben und Wirken unauflöslich verknüpft war. **Versöhnung des positiven Judenthums mit dem Leben der Gegenwart auf dem Boden der Wissenschaft**, das war der Gedanke, der die Schriften Frankels, des Gelehrten, die Bemühungen des Rabbiners, die Wirksamkeit des Predigers und Lehrers wie ein Lebenshauch durchdrang; das war der Gedanke, der Frankel in sein erstes Amt, das Kreisrabbinat zu Leitmeritz, führte, der ihn in das Oberrabbinat zu Dresden begleitete und der ihn in einem zwanzigjährigen Wirken als Direktor des Seminars niemals verlassen, der ihn in Leid und Widerwärtigkeiten gestärkt und der von ihm dem Seminar als festes, dauerndes Programm gegeben, die Anstalt von Erfolg zu Erfolg geführt hat. — Sein Leben bestand in diesen zwanzig Jahren in wissenschaftlicher Arbeit, die keine Rast und keine Grenze kannte, in milder Fürsorge für seine Schüler, die an ihrem greisen Lehrer hingen, wie die Kinder an ihrem Vater, in feuriger begeisternder Lehrthätigkeit, die auch in dem Blödesten und Unreifsten ein Feuer der Begeisterung für jüdische Wissenschaft und jüdische Religion entzündete, und in Allen die Sehnsucht weckte, dem Hochmeister jüdischer Wissenschaft einstmals, wenn nicht zu gleichen, so doch ihm nachzueifern. Frankel war gleich befähigt für die Organisation, wie für die Leitung eines grossen Ganzen. Er war willfährig den kleinsten Wünschen des Einzelnen, wenn sie berechtigt und erfüllbar waren, aber von unbeugsamer Strenge, ja Starrheit gegen Ansprüche und Forderungen, die seinem Lebenswerke im geringsten zu schaden vermochten. Er war heimisch auf dem ganzen ungeheueren Gebiete der jüdischen Wissenschaft und folgte voll Theilnahme den Fortschritten der historischen, exacten und philosophischen Wissenschaften. Er besass den kindlichsten Sinn, das frommste Herz, eine glühende Verehrung für alles Hohe und Heilige im Judenthum und hing voll Liebe an seinem neuen Vaterlande, wenn er auch nie des Dankes vergessen konnte und in rührender Weise ihn oft aussprach, den er seinem Heimathlande Oesterreich und seinem Adoptivvaterlande Sachsen schuldete. Mit goldenen Zügen hat einige Monate nach seinem Hinscheiden das Seminar seinen Namen auf die Gedenktafel geschrieben, welche die Namen der Wohlthäter des Seminars zu verewigen bestimmt ist: in goldenen Zügen steht sein Name eingeschrieben im treuen Herzen seiner Schüler und im dankbaren Gedächtniss des jüdischen Volkes, das in Frankel einen seiner besten Söhne, einen seiner grössten Geister alle Zeit verehren wird!

Wie im Leben durch sein unermüdliches, segensreiches Wirken, so hat Frankel auch noch im Tode für das Seminar durch reiche testamentarische Vermächtnisse gesorgt. Er hinterliess der Anstalt, an der seine ganze Seele hing, seine sehr reichhaltige Bibliothek und ein Legat von 21,000 Mark, dessen Zinsen theils der Frankel-Stiftung, theils bedürftigen Schülern der Anstalt zugewendet, theils zur Erweiterung der Bibliothek bestimmt werden sollten.

Nachdem im Sommersemester 1875 Stiftsrabbiner Israeli aus Nakel an Stelle des Verewigten provisorisch die talmudischen Disciplinen gelehrt hatte, musste die schwierige Aufgabe gelöst werden, das verwaiste Lehramt und das Direktorat neu zu besetzen. Die Blicke lenkten sich auf Dr. L. Lazarus, Rabbiner in Prenzlau.

Derselbe war bekannt als ein Mann, der echte Religiosität mit einem milden, friedfertigen Charakter, eine gediegene wissenschaftliche Bildung mit hervorragender Gelehrsamkeit auf dem Gebiete der jüdischen Theologie, insbesondere des Talmud, vereinigte. Ihm durfte man vertrauen, dass er das Werk des Verewigten im Geiste desselben fortführen werde, und dies Vertrauen berief ihn auf den verwaisten Lehrstuhl. Am 23. September 1875 ward er durch das Curatorium in Gegenwart des Lehrercollegiums und der Studirenden des Seminars in sein Amt eingeführt. Der Curator, Stadtrath Dr. Marck, wies hierbei auf die hohe Bedeutung des feierlichen Aktes für den Neueintretenden wie für die Anstalt hin. Er hob die Verdienste des verstorbenen Direktors als des eigentlich geistigen Vaters des Seminars hervor. Der Verewigte habe, so führte der Redner aus, die providentielle Mission gehabt, in der Begründung des Seminars einem Gedanken Ausdruck zu verleihen, der alle Gutgesinnten unter unseren Glaubensgenossen beseelte, dem Gedanken, dass der jüdischen Wissenschaft eine gedeihliche Wirksamkeit nur dann beschieden sei, wenn sie ihren Bekennern zugeführt werde in Verbindung mit den Grundlagen universeller Bildung, mit der Philosophie und dem klassischen Alterthume, wenn sie heraustrete aus dem beengenden Lehrhause der Vorzeit in den freien Lehrsaal moderner, wissenschaftlicher Forschung. Dies Ideal habe den Begründern des Seminars vorgeschwebt: es werde auch den Leitern und Lehrern des Seminars für alle Zukunft den Weg erfolgreicher Thätigkeit vorzeichnen. — Hierauf erwiderte der Direktor, er habe nur mit schwerem Herzen sich entschlossen, die Kanzel mit dem Katheder zu vertauschen und Nachfolger eines Mannes wie Frankel zu werden. Doch habe ihn das liebenswürdige Entgegenkommen des Curatoriums mit der Hoffnung erfüllt, dass es ihm auch in dem neuen Wirkungskreise möglich sein werde, sich Freunde und Anhänger zu erwerben. Natürlich dürfe er bei aller Hochachtung und Anerkennung der unsterblichen Verdienste Frankels nicht auf jede Selbständigkeit verzichten. Er müsse vielmehr eine Berechtigung der Individualität gerade im Interesse der Anstalt auch für sich wie für seine Collegen in Anspruch nehmen. Er schloss mit einer Ansprache an die Collegen und Schüler, worin er in beredten Worten der Hoffnung Ausdruck gab, dass es gelingen werde, in harmonischem Zusammenwirken wie in gegenseitiger Förderung und Ergänzung das Seminar auf seiner wissenschaftlichen Höhe zu erhalten.

Im Geiste dieser Ansprache wirkte der neue Direktor. In herzgewinnender Weise verkehrte er mit Collegen und Schülern. In Lehrvorträgen wie in Unterhaltungen offenbarte er den reichen Schatz seines umfassenden Wissens und durch seine eigene rastlose Thätigkeit verstand er es, auch seine Zuhörer zu reger Selbstthätigkeit anzufeuern. Die Interessen der Anstalt vertrat er aufs lebhafteste. Seiner Initiative ist der Beitritt zahlreicher jüdischer Gemeinden und Privaten zum Vereine Liwjath-Chen zu verdanken. Die innere Organisation der Anstalt ward gefördert durch eine vom Direktor und Lehrer-Collegium festgestellte Studienordnung und ein neues Reglement für die Rabbinatsprüfung. Die wissenschaftliche Thätigkeit des Seminars war, wie in früherer Zeit, Gegenstand eifrigster Fürsorge.

Im September 1877 erging an das Lehrer-Collegium des Seminars von der Israelitischen Landeskanzlei zu Budapest die Einladung, der Eröffnung der daselbst neu begründeten Landesrabbinerschule beizuwohnen. Das Seminar begrüsste die Eröffnung dieser Schwesteranstalt aufs wärmste. Es sah mit Genugthuung, dass einige seiner ehemaligen Schüler den lebhaftesten Antheil an der Begründung dieser, der jüdischen Wissenschaft gewidmeten Anstalt genommen hatten und dass, wie an der Hochschule für jüdische Wissenschaft zu Berlin, so auch an diesem jüngsten theologischen Institute zwei Schüler des Seminars als Lehrer und Professoren zu wirken berufen worden waren. Professor Dr. Grätz und Dr. D. Rosin gingen als Deputirte des Seminars nach Budapest, um der Eröffnungsfeier beizuwohnen und der herzlichen Theilnahme des Lehrer-Collegiums durch folgende Adresse Ausdruck zu geben:

„Die jüdisch-theologische Lehranstalt von Breslau sendet durch ihre Vertreter der Landesrabbinerschule von Ungarn, welche mit der heutigen Eröffnungsfeier inaugurirt wird, freudige Grüsse und herzliche Glückwünsche. Die Breslauer jüdisch-theologische Anstalt darf sich in einem gewissen Sinne Mutter dieses ins Leben tretenden Instituts nennen. Sie empfindet nicht blos die Freude, dass zwei ihrer würdigen Jünger zu Professoren an der Landesrabbinerschule berufen worden sind, sondern auch die Genugthuung, dass mehrere ihrer nicht minder würdigen Jünger, welche im Ungarlande eine hochansehnliche Stellung als Rabbiner einnehmen, an der Begründung dieser neuen theologischen Lehrstätte eifrig mitgewirkt und ihre Erfahrungen aus der Mutteranstalt für diese Neuschöpfung ihres Heimathlandes verwerthet haben.

Ihr bester Gruss und Glückwunsch ist ein so aufrichtiger und herzlicher, da sie die berechtigte Hoffnung hegt, dass die junge Anstalt dieselben Ziele verfolgen wird, welche das Breslauer jüdisch-theologische Seminar sich von seinem Beginn an gestellt hat: Jünger der jüdischen Theologie mit dem Geiste lauterer Religiosität und ächter Wissenschaft zu erfüllen und sie so für ihr heiliges Amt würdig vorzubereiten, würdige Begriffe von dem edlen und tiefen Lehrgehalt des Judenthums unter seinen Bekennern zu verbreiten und die Vorurtheile schwinden zu machen, unter denen das jüdische Bekenntniss und die Sache des jüdischen Stammes noch hie und da zu leiden haben.

Die Landesrabbinerschule von Ungarn wird diese Ziele um so eher fördern können, als sie durch die ihr zu Theil gewordene Huld des Landesherrn und Königs, durch die warme Theilnahme der erlauchten ungarischen Regierung und unter der Aegide eines für Freiheit und Bildung erglühenden Volkes in eine höchst günstige Lage versetzt ist.

Möge sie durch den Beistand des Allmächtigen unter diesen günstigen Auspicien gedeihen, blühen und weithin wirken. Möge es ihr gelingen, die Widerwärtigkeiten, welche jeder jungen Anstalt auf ihren ersten Wegen begegnen, bald zu überwinden und ihre Gegner in Freunde zu verwandeln, möge sie freudig stolz auf den Tag ihrer feierlichen Eröffnung in aller Zukunft zurückblicken können."

Noch war der Schmerz über das Hinscheiden Frankels ein frischer, da versetzte ein neuer Todesfall die Anstalt in Trauer. Am 20. November 1877 starb der Curator der Fränckelschen Stiftungen, Kaufmann Julius Haber. Er hatte für die Bestrebungen des Seminars, noch bevor es ins Leben getreten war, das lebhafteste Interesse gezeigt; er hatte, in seiner Stellung als Curator der Anstalt, derselben Beweise herzlichster Theilnahme gegeben. Sein wohlwollendes, edles Herz, seine treue Anhänglichkeit an alle guten Bestrebungen der Gegenwart sichern ihm ein liebevolles Andenken im Herzen Aller, die ihn kannten, und im Gedächtniss der Anstalt, der er nur zu kurze Zeit als Curator vorgestanden hat.

An die Stelle des Heimgegangenen trat sein Sohn, Kaufmann H. Haber in das Curatorium der Fränckelschen Stiftungen ein.

Mit trüben Aussichten für das Seminar begann das Jahr 1879. Im Januar ward der Direktor Dr. Lazarus von einer schweren Krankheit ergriffen. Obgleich die schwindenden Kräfte ihm bald jedes Wort, ja jeden Athemzug zu einer Anstrengung machten, wollte er in tapferer Pflichttreue eine Störung des Unterrichts verhüten, und so hielt er, an das Zimmer gebannt, in seiner Studirstube seine Vorlesungen mit demselben Eifer und derselben geistigen Frische, wie in gesunden Tagen. Aber wie sehr auch ein starker Geist gegen die Auflösung des schwachen Körpers ankämpfte, die Natur liess sich nicht durch Willensstärke bezwingen; die Kräfte des Dahinschwindenden nahmen immer mehr ab und am 16. April 1879 hauchte er den letzten Athemzug aus. Sein Leichenbegängniss zeugte von der Verehrung der Gemeinde, in welcher er ein Viertel-Jahrhundert als Rabbiner gewirkt hatte, von der Hochachtung, die er in der Breslauer Gemeinde trotz der kurzen Zeit seiner hiesigen Amtsthätigkeit sich erworben hatte, von der Liebe seiner Schüler, die zum Theil aus weiter Ferne herbeigeeilt waren, um ihrem Meister das letzte Geleite zu geben.

Lazarus war eine jener Naturen, der Milde, Einfachheit und Bescheidenheit angeboren sind. Wie vielseitig auch sein Wissen, wie geistreich auch seine Rede, wie anregend auch sein Vortrag war, so war er doch dieser grossen Gaben und Vorzüge sich kaum bewusst; Herzensgüte, Selbstverleugnung und Willensstärke verliessen ihn nicht bis zu seinem letzten Athemzuge. Er ragte hervor nicht durch fruchtbare litterärische Thätigkeit; er war vielmehr ein Mann stillen tiefen Forschens. Dass er aber der Feder eben so mächtig war, wie des mündlich gesprochenen Wortes, beweist die Abhandlung: „Zur Charakteristik der talmudischen Ethik", die er dem Jahresberichte des Seminars vom Jahre 1877 voraufschickte, eine Abhandlung, die ihren Verfasser als einen Meister schöner Darstellung, als warmen Vertheidiger des Judenthums, als hingebungsvollen Freund der Wahrheit kennen lehrte. Seinen vorzeitigen Tod betrauert das Seminar als einen schweren Verlust. Die jüdische Wissenschaft hat in ihm einen ihrer treuesten Verehrer verloren. Unsere Anstalt aber wird sein mildes Walten und Wirken für ihre Interessen nie vergessen und sein Andenken alle Zeit in hohen Ehren halten.

Nur wenige Mittheilungen sind dem Berichte über diesen Trauerfall, der das Jubiläumsjahr des Seminars verdüstert, hinzuzufügen. Erwähnt muss nur noch werden, dass den Talmud-Unterricht an Stelle des Heimgegangenen S. Kirschner aus Loslau provisorisch für das Sommersemester 1879 übernommen hat. — Auch reiht eine frohe Nachricht den vielen schmerzlichen Mittheilungen der letzten Jahre sich an: Der Lehrer des Seminars, Dr. J. Freudenthal, ward im April 1879 zum ausserordentlichen Professor an der hiesigen Universität ernannt. In Folge dieser Ernennung musste derselbe den gesammten Unterricht in der Gymnasial-Abtheilung des Seminars aufgeben, und es übernahm diesen Unterricht vom 1. April d. J. an Dr. phil. L. Cohn aus Zempelburg.

So blickt am Tage seines fünfundzwanzigjährigen Bestehens das Seminar auf eine lange Reihe schöner Erfolge, froher Ereignisse, aber auch auf eine grosse Zahl von schweren Schicksalsschlägen hin, die Gottes Fügung ihm gesendet hat. Mögen die kommenden fünfundzwanzig Jahre verschont sein von jeglichem Unglücksfalle, den voraufgegangenen aber gleichen an glücklichen Ereignissen und Erfolgen!

Das Seminar ist einer grossen unsterblichen Idee, der Vereinigung von Religion und Wissenschaft geweiht, und eine solche Idee hat die Kraft, auch ihren Trägern Unsterblichkeit zu verleihen. Sie sichert dem Seminar ein dauerndes Bestehen, eine stete fruchtbringende Wirksamkeit. Die Erinnerung an die edlen Heimgegangenen, welche für diese Idee gearbeitet und gekämpft haben, weckt in Allen, die an ihrem Werke weiter zu arbeiten berufen sind, das Streben, das begonnene Werk in ihrem Sinne mit gleicher Liebe, mit gleicher Hingebung fortzusetzen. Möge diesem Streben der reichste Segen beschieden sein! Möge das jüdisch-theologische Seminar wachsen, blühen und gedeihen, eine Heimstätte lauterer Religiosität, echter Wissenschaft!

II. Statistisches.

A. Wirksamkeit des Seminars.

Die wahre Wirksamkeit einer Lehranstalt ist kaum statistisch festzustellen. Schwer lässt sich das geistige Fluidum fassen und nach Mass und Zahl bestimmen, das von den Lehrern auf die Schüler überströmt, das sich wirksam erweist in unsichtbaren inneren Regungen und Strebungen mehr als in der Zahl, den Werken und Schriften der Schüler. Das Beste und Edelste, was dem Seminar für Religion und Wissenschaft zu wirken vergönnt war, entzieht sich daher jeder Darstellung. Doch mag Einiges über die Wirksamkeit der Anstalt und ihrer einstigen Schüler, das sich zur Mittheilung eignet, für ihre Freunde hier aufgezeichnet werden.

Dass das Seminar von einem guten Geiste erfüllt ist, dass die Männer, welche als seine Lehrer gewirkt haben und noch wirken, es verstanden haben, Liebe für Judenthum und Vaterland, echt wissenschaftliches Streben und regen Eifer für das Wohl und den Frieden ihrer Gemeinden in den Schülern zu wecken, dessen Zeugen sind diese Schüler selbst und ihre praktische Wirksamkeit in den Gemeinden Deutschlands, Europas und Amerikas, die vielen von diesen ins Leben gerufenen wohlthätigen Anstalten, Vereine und Stiftungen, sowie die zahlreichen, zum Theil bedeutenden Schriften, welche von denselben veröffentlicht worden sind.

Das Seminar hat während seines fünfundzwanzigjährigen Bestehens 272 Schüler gehabt und zwar 232 in der Rabbiner- und 40 in der Lehrerabtheilung.

Die Heimath dieser Schüler und der Ort ihrer jetzigen Wirksamkeit zeigt, dass der Einfluss des Seminars vorzugsweise zwar auf Deutschland sich erstreckt, dass seine Bedeutung aber eine internationale ist, weil sie weit über die Grenzen Deutschlands hinaus auf zahlreiche Länder Europas und Amerikas sich ausdehnt. Von diesen Schülern kommen nämlich 160 auf Deutschland, 85 auf Oesterreich, 12 auf Russland, je 3 auf England, die Niederlande und Amerika, je 2 auf Dänemark, Schweden, Rumänien.

Von den Schülern des Rabbinerseminars sind 62, von denen des Lehrerseminars 16 nach beendetem vollem Cursus und abgelegtem Rabbinats- oder Lehrerexamen entlassen worden. Von denen, welche vor Beendigung des ganzen Cursus das Seminar verlassen haben, sind — von denen abgesehen, welche das Seminar nur kurze Zeit besucht haben — 25 in jüdischen Gemeinden als Rabbiner und Prediger, 24 als Lehrer an öffentlichen Schulen, Gymnasien oder Religionsschulen angestellt worden; 6 sind jetzt Docenten oder Professoren an deutschen Universitäten, 6 sind Aerzte, 5 Juristen, 30 sind in andere Berufsarten übergetreten, 34 ihrem jetzigen Wohnorte und Berufe nach unbekannt. Fast alle ehemaligen Schüler des Seminars haben demselben treue Anhänglichkeit bewahrt und aus demselben Liebe für das Judenthum und seine Wissenschaft in ihren jetzigen Beruf mit hinübergenommen. — 26 Schüler ferner gehören dem Seminar noch jetzt an; 16 sind ihm leider durch den Tod entrissen worden.

Von den aus dem Seminar hervorgegangenen Rabbinern und Lehrern leben und wirken jetzt 16 in Oesterreich-Ungarn, 3 in England, 1 in Russland, 1 in Dänemark, 4 in Nord-Amerika, 1 in der Schweiz, 1 in Luxemburg, alle übrigen in Deutschland.

Fast alle diese, etwa 120 an der Zahl, wirken als Rabbiner, Prediger oder Lehrer in den namhaftesten Gemeinden Europas. So in Aachen, Augsburg, Berlin, Braunschweig, Breslau, Bruchsal, Bukarest, Coblenz, Colberg, Crefeld, Culm, Danzig, Düsseldorf, Eisenach, Emden, Fünfkirchen, Graudenz, Gross-Glogau, Hannover, Hildesheim, Homburg v. d. H., Karlsruh, Köln, Königsberg, Kopenhagen, Kremsier, Luxemburg, Magdeburg, Manchester, München, Nürnberg, Ofen, Oldenburg, Pesth, Petersburg, Pilsen, Posen, Ratibor, Saatz, Wien, Worms, Zürich u. a. O.

Von der Wirksamkeit der ehemaligen Schüler des Seminars gilt, was oben von der des Seminars selbst gesagt wurde, dass nur das Unbedeutendste, Aeusserlichste über sie mitgetheilt werden kann. Gerade der Schwerpunkt der Thätigkeit eines Rabbiners und Lehrers liegt ja in dem, was rein ideeller Natur ist, und was kein Statistiker zu messen und zu wägen vermag. Unmessbar ist das stille Wirken des Lehrers, unwägbar der Segen, den das erhebende, mahnende, tröstende Wort des Predigers verbreitet: aber dies Wirken ist darum nicht minder bedeutend, als wenn eine äussere That es dem Auge verkörpert. Zahlreiche Schüler des Seminars haben unter schwierigen Verhältnissen für die geistige und sittliche Hebung ihrer Gemeinden unausgesetzt gewirkt und gesorgt. Sie haben für die Gleichberechtigung ihrer Brüder gekämpft, den religiösen Sinn zu wecken gesucht, haben dem sittlichen und physischen Wohle der Einzelnen und der Gesammtheit ihre Kraft und ihr Wissen gewidmet. Ihr Wirken war ein nicht minder verdienstliches, als das ihrer Amtsbrüder, denen es vergönnt war, unter glücklichen Umständen tüchtige wissenschaftliche Arbeiten zu vollenden und zu veröffentlichen, oder mit Hilfe wackerer Mitglieder ihrer Gemeinden wohlthätige Stiftungen und Vereine aller Art zu schaffen, die auch nach aussen für eine fruchtbringende Thätigkeit zeugen. — Von solchen äusseren Zeichen erfolgreicher Wirksamkeit ehemaliger Schüler des Seminars könnte eine lange Reihe angeführt werden. Zahlreiche Religionsschulen sind von ihnen neu gegründet oder reorganisirt, Sabbatgottesdienst für jüdische Schüler christlicher Anstalten angeordnet, ebenso zahlreiche Vereine, welche den verschiedensten wohlthätigen Zwecken dienen, ins Leben gerufen worden. Als solche sind zu nennen: Vereine zur Unterstützung von armen Wittwen und Waisen, von Kranken und Bedürftigen durch Darlehen und Gaben, zur Bekleidung armer Schulkinder, zur Bekämpfung der Bettelei durch Organisirung der Privatwohlthätigkeit, zur Ausstattung armer Bräute, zur Errichtung von Volksküchen nach israelitischem Ritus, zur Beförderung der Studien an Universitäten und Gymnasien, zur Ausbildung jüdischer Lehrer, zur Erlernung eines Handwerks, zur Förderung und Ueberwachung des jüdischen Schulwesens, zu gemeinsamem Studium religiöser Schriften und zur Förderung der jüdischen Litteratur.

Von sehr vielen ehemaligen Schülern des Seminars, in deren Gemeinden Localcomités der Alliance israélite universelle noch nicht bestanden, wurden solche ins Leben gerufen, und der Anschluss der Gemeinden an den segensreich wirkenden deutsch-israelitischen Gemeindebund wurde vielfach erstrebt und erreicht.

Ueber die wissenschaftlichen Schriften ehemaliger Schüler des Seminars endlich giebt Abschnitt B Auskunft.

B. Schriften der Lehrer und Schüler des Seminars.*)

Schriften der Lehrer des Seminars.

Dr. Z. Frankel, Direktor des Seminars, gest. 1874.

Grössere Schriften:

1) Die Eidesleistung der Juden in theologischer und historischer Beziehung. Dresden 1840. Zweite verbesserte und mit einem Anhange vermehrte Auflage. Dresden 1847.
2) Vorstudien zur Septuaginta. Leipzig 1841.
3) Der gerichtliche Beweis nach mosaisch-talmudischem Rechte. Ein Beitrag zur Kenntniss des mosaisch-talmudischen Criminal- und Civilrechtes. Berlin 1846.
4) Ueber den Einfluss der palästinischen Exegese auf die Alexandrinische Hermeneutik. Leipzig 1851.
5) דרכי המשנה Hodegetica in Mischnam. Leipzig 1859.
6) Additamenta ad librum Hodegetica in Mischnam. Leipzig 1867.
7) מבוא הירושלמי Introductio in Talmud Hierosolymitanum. Breslau 1870.
8) תלמוד ירושלמי Talmud Hierosolymitanum: Ordo Seraim. Pars I: Tract. Berachot, Peah etc. Wien 1874.
9) Talm. Hierosolym. Pars II. Tract Demaï. Breslau 1875.

Programmschriften:

10) Ueber palästinische und alexandrinische Schriftforschung. Programm zur Eröffnung des jüdisch-theolog. Seminars. Breslau 1854.
11) Grundlinien des mosaisch-talmudischen Eherechts. Breslau 1860.
12) Entwurf einer Geschichte der nachtalmudischen Responsen-Litteratur. Breslau 1865.
13) Zu dem Targum der Propheten. Breslau 1870.

Grössere Abhandlungen:

Aus der Zeitschrift für religiöse Interessen des Judenthums, redigirt von Frankel. Leipzig und Dresden 1844—1846.

14) Ueber Oeffentlichkeit und Mündlichkeit des Gerichtsverfahrens nach mosaisch-talmudischem Rechte. Jahrg. 1.

---

*) Im Nachfolgenden werden die von den Lehrern und ehemaligen Schülern des Seminars verfassten wissenschaftlichen Schriften auf Grund der von ihnen gemachten Mittheilungen verzeichnet. Nur diejenigen Schriften früherer Lehrer des Seminars, welche während ihrer Wirksamkeit an demselben veröffentlicht wurden, sind aufgenommen; kleinere Aufsätze und einzelne Predigten, Schul- und Volksschriften sind bis auf wenige Ausnahmen überhaupt nicht aufgeführt worden. Auch sind nur Arbeiten derjenigen Schüler des Seminars erwähnt, welche nach absolvirtem Cursus das Seminar verlassen haben oder schon vor beendetem Cursus als Rabbiner oder Prediger angestellt worden sind.

15) Reformbestrebungen und Emancipation. Jahrg. I.
16) Die amtliche Stellung der Rabbiner in der Gegenwart. Jahrg. I. und Jahrg. II.
17) Ueber manche durch den Fortschritt der Medicin im Judenthum bedingte Reform. Jahrg. II.
18) Zur Geschichte der Juden in Polen nach L. Holländerski. Jahrg. III.
19) Die Essäer. Eine Skizze. Jahrg. III.
20) Einiges zu den Targumim. Jahrg. III.
21) Ueber geschichtliche und literarhistorische Arbeiten dieses 5. Jahrzehntes. Jahrg. III.

Aus der Monatsschrift für die Geschichte und Wissenschaft des Judenthums, redigirt von Frankel. 1851—1867. Dresden. Leipzig. Breslau.

22) Schutzschrift des Jos. Flavius gegen Apion. Jahrg. I.
23) Ueber den Lapidarstyl der talmudischen Historik. Jahrg. I.
24) Skizzen zu einer Einleitung in den Talmud. Jahrg. I.
25) Einiges zur Forschung über den Oniastempel. Jahrg. I.
26) Ueber das Anchialum des Martial. Jahrg. I.
27) Die Gemeinde-Ordnung nach talmudischem Rechte. Jahrg. II.
28) Die Diaspora zur Zeit des zweiten Tempels. Jahrg. II.
29) Die Essäer nach talmudischen Quellen. Jahrg. II.
30) Geist der palästin. und babylon. Hagada (Mechilta). Jahrg. II.
31) Die Juden unter den ersten röm. Kaisern. Jahrg. III.
32) Geist der palästin. und babylon. Hagada (Mechilta). Jahrg. III.
33) Zur Geschichte der jüd. Religionsgespräche. Jahrg. IV.
34) Das Buch der Jubiläen. Jahrg. V.
35) Das Alterthum über Judenthum und Juden. Jahrg. V.
36) Phönizische Alterthümer. Jahrg. V.
37) Aristeas. Jahrg. VII.
38) Alexandrin. Messiashoffnungen (die Sibyllinen). Jahrg. VIII.
39) Juden und Judenthum nach röm. Auffassung. Jahrg. IX.
40) Mosaisches Recht und Hindurecht. Jahrg. IX.
41) Zum Mischnacommentar des Maimonides. Jahrg. IX.
42) Beiträge zu einer Einleitung in den Talmud. Jahrg. X.
43) Dr. Bernhard Beer. Ein Lebens- und Zeitbild. Jahrg. XI.
44) Religion und Humanität. Jahrg. XIV.
45) Die religiöse Duldung nach der europäischen Völkertafel. Jahrg. XV.
46) Zur Ethik des jüd.-alexandrin. Philosophen Philo. Jahrg. XVI.
47) Der Aufstand in Palästina zur Zeit des Gallus. Jahrg. XVI.
48) Ueber die Authentie des Commentars Nachmani's des Buches Job Jahrg. XVII.

Dr. L. Lazarus, Direktor des Seminars, gest. 1879.
Zur Charakteristik der talmudischen Ethik. Breslau 1877.

Dr. H. Grätz, Professor an der Universität zu Breslau.

Grössere Schriften:
1) Gnosticismus und Judenthum. 1846.
2) Geschichte der Juden von den ältesten Zeiten bis auf die Gegenwart. 11 Bände, theilweise in zweiter und dritter Auflage. 1852 bis 1876.
3) Sinai et Golgatha. Paris 1867.
4) Les Juifs d'Espagne. Paris 1872.
5) History of the Jews from the downfall of the jewish state to the conclusion of the talmud. New-York 1873.
6) דברי ימי היהודים. Band III. Wien 1875.
7) Kohelet oder der salomonische Prediger, übersetzt und kritisch erläutert. 1871.
8) Schir-ha-Schirim oder das salomonische Hohelied übersetzt und kritisch erläutert. 1871.

Programmarbeiten:
9) Die westgothische Gesetzgebung in Betreff der Juden. 1858.
10) Dauer der gewaltsamen Hellenisirung der Juden und der Tempel-Entweihung durch Antiochus Epiphanes. 1864.
11) Frank und die Frankisten. 1868.
12) Die Prophetie Joels und die Gliederung ihrer Theile. 1873.
13) Das Königreich Mesene und seine jüdische Bevölkerung. 1879.

Abhandlungen in Zeitschriften:
14 Die angebliche Fortdauer des jüdischen Opferkultus nach der Zerstörung des zweiten Tempels. In Verbindung mit B. Friedmann. In Zellers Theol. Jahrbüchern. 1848.
15) Die Septuaginta im Talmud. In Frankels Zeitschrift für die religiösen Interessen des Judenthums Jahrg. 1845.
16) Die Construction der jüdischen Geschichte. Das. Jahrg. 1846.
17) Einleitungsschriften in den Talmud. Das. 1846.
18 Jüdisch-geschichtliche Studien. In Frankels Monatsschrift für Geschichte und Wissenschaft des Judenthums Jahrg. 1852.
19) Die talmudische Chronologie und Topographie. Das. 1852 u. 1853.
20) Die absetzbaren Hohenpriester während des zweiten Tempels. Das.
21) Die talmudische Topographie. Das. Jahrg. 1853.
22 Fälschungen im Texte der LXX von christlicher Hand zu dogmatischen Zwecken. Das.

23) Hagadische Elemente bei den Kirchenvätern. Jahrg. 1854—55.
24) Salomon Molcho und David Rëubeni. Das. Jahrg. 1856.
25) Simon der Gerechte und seine Zeit. Das. 1857.
26) Die grosse Versammlung, ihre Geschichtlichkeit, Zahl, Bedeutung und Leistung. Das.
27) Zur Chronologie der gaonäischen Epoche. Das.
28) Autorschaft, Abfassungszeit und Composition der Halachot Gedolot. Das. Jahrg. 1858.
29) Iekutiel und Joseph ibn Migasch. Das.
30) Die mystische Litteratur in der gaonäischen Epoche. Das. Jahrg. 1859.
31) Die Anfänge der neuhebräischen Poesie. Das. Jahrg. 1859—60.
32) Zur hebräischen Sprachkunde und Bibelexegese. Das. Jahrg. 1861.
33) Mose Almosnino. Das.
34) Voltaire und die Juden. Das. 1868.
35) Die Ebioniten des alten Testaments. Monatsschrift 1869.
36) Die erste Meinungsverschiedenheit in der halachischen Gesetzgebung. Das.
37) Der Vers im Matthäus-Evangelium „einen Proselyten machen." Das.
38) Der Auszug aus Babylonien und der Dualismus in der Oberleitung des nachexilischen Gemeinwesens. Das.
39) Ueber Entwickelung der Pentateuch-Perikopen-Verlesung. Das.
40) Die Zeit des Königs Chiskija und der zeitgenössischen Propheten. Monatsschrift 1870.
41) Gedalja, Sohn Achikams, Dauer seiner Statthalterschaft. Das.
42) Zur Topographie von Palästina. Das.
43) Die beiden Ben-Ascher und die Masora. Monatsschrift 1871.
44) Der erweiterte Gebrauch der Causativ-Formen im Hebräischen. Das.
45) Die weitere Ausdehnung des Gebiets der Pual-Form. Das.
46) Eine eigenthümliche Volkszählung während des zweiten Tempelbestandes. Das.
47) Beiträge zur Wort- und Sacherklärung der Mischnah. Das.
48) Das Klientelverhältniss im hebräischen Alterthum. Das.
49) Beiträge zur Sach- und Worterklärung des Buches Daniel. Das.
50) Die Kanonicität des Buches Esther in der älteren synagogalen und kirchlichen Litteratur. Das.
51) Eine masoretisch-grammatische Kleinigkeit bezüglich der Silbe הֵן. Monatsschrift 1872.
52) Die Söhne des Tobias, die Hellenisten und der Spruchdichter Sirach. Das.
53) Der Prophet Jeremia in Rama. Das.

54) Ursprung der zwei Verleumdungen gegen das Judenthum von Esels-kultus und von der Lieblosigkeit gegen Andersgläubige. Das.
55) Die Integrität der Kap. 27 und 28 in Hiob. Das.
56) Die zweifache Aussprache des hebräischen Resch. Das.
57) Die Palmenstadt Zoar und der Salzberg am todten See. Das.
58) Gibea und Gaba, Gibeat Saul und Gibeat Benjamin. Das.
59) Die Doxologien in den Psalmen. Das.
60) Der sogenannte kleine Hermon oder der Gebel ed Duhy. Das.
61) Die Mischnah in mündlicher Ueberlieferung enthalten. Monatsschrift 1873.
62) Der mons offensionis auf dem Oelberge. Das.
63) Ueber die Bedeutung des Wortes עצמים in der biblischen Litteratur. Monatsschrift 1874.
64) Missverstandene Stellen in der Genesis. Das.
65) Das Verbum מסך und die Substantive כִּמְשָׂךְ und מֶסֶךְ in der hebräischen Litteratur. Das.
66) Eigenthümlichkeit der ־ - comparationen im Hebräischen. Das.
67) Das Datum der Schlacht bei Kharkhemisch und der Beginn der chaldäischen Herrschaft über Judäa. Das.
68) Der Beginn der chaldäischen Herrschaft über Judäa und die chronologische Fixirung der jeremianischen Prophezeiungen. Das.
69) Die ägyptische Vasallenschaft Judas unter Jojakim. Das.
70) Die Echtheit des Buches des Propheten Ezechiel. Das.
71) Die assyrischen Invasionen und Eroberungen in Palästina, im samaritanischen und judäischen Reiche. Das.
72) Ein dunkler Vers in Esra bezüglich des nachexilischen Alters durch eine echte talmudische Tradition erläutert. Monatsschrift 1875.
73) Die Anfänge der Nabatäerherrschaft. Das.
74) Aktenstücke zur Confiscation der jüdischen Schriften in Frankfurt a. M. unter Kaiser Maximilian durch Pfefferkorns Angeberei. Das.
75) Zur Geschichte der Juden von Bordeaux. Das.
76) Ueber die Bedeutung des Wortes צפיר im Hebräischen. Das.
77) Die Bedingungspartikeln im Hebräischen, ein Beitrag zur Bibelexegese. Das.
78) Die politische Geographie Palästinas im vierten und fünften Jahrhundert. Monatsschrift 1876.
79) Zur Erklärung einiger dunklen Stellen im Propheten Ezechiel. Das.
80) Die sabbatianisch-messianische Schwärmerei in Amsterdam. Das.
81) Die Lage der Burg Akon in Jerusalem. Das.
82) Die judäischen Ethnarchen oder Alabarchen in Alexandria. Das.
83) Die Abfassungszeit des Pseudo-Aristeas. Das.

84) Die Höfe und Thore des zweiten Tempels, eine archäologische Untersuchung. Das.
85) Die Kalubäiten oder Kalebiten in der Chronik. Das.
86) Erklärung einiger schwierigen Stellen in der heiligen Schrift. נחם und נחם. Das.
87) Das Sendschreiben der Palästinenser an die ägyptisch-judäischen Gemeinden wegen der Feier der Tempelweihe. Monatsschrift 1877.
88) Das Zeitalter der griechischen Uebersetzung des Buches Hiob. Das.
89) Präcision der Zeit für die die Judäer betreffenden Vorgänge unter dem Kaiser Kaligula. Das.
90) Ueberbleibsel der Sabbatianer in Salonichi. Das.
91) Zeit der Anwesenheit der adiabenischen Königin in Jerusalem und des Apostel Paulus. Das.
92) Zur Geschichte und Chronologie Agrippa's II., der Procuratoren und Hohenpriester seiner Zeit. Das.
93) Das Korbfest der Erstlinge bei Philo. Das.
94) Die Vorstadt Bezetha. Das.
95) Der angebliche judäische Peripatetiker Aristobul und seine Schriften. Monatsschrift 1878.
96) Die Tempelpsalmen. Das.
97) Die Lage des Sinai oder Horeb. Das.
98) Eine Lokalität Lod bei Jerusalem. Das.
99) Ueber die Bedeutung der masoretischen Bezeichnung „Unterbrechung in der Mitte des Satzes". Das.
100) Der Wechsel des ע und ס im Hebräischen. Das.
101) Zur römischen Kaisergeschichte aus talmudischen Quellen. Monatsschrift 1879.
102) Die hebräische Präposition בעד. Das.
103) Ein Pseudo-Messias im 14. Jahrhundert. Das.
104) Das Buch Tobias oder Tobit, seine Ursprache, Abfassungszeit und Tendenz. Das.
105) Die Halleluja- und Hallel-Psalmen. Das.
106) Auslegung der Psalmen 16 (1877), 29 (1873), 49 (1875), 50 (1878), 58 (1872), 68 (1875), 109 (1878), 119 (1871).

Dr. J. Bernays, Professor an der Universität zu Bonn.
1) Heraclitea. Bonn 1848.
2) Joseph Justus Scaliger. Berlin 1855.
3) Ueber das Phokylideische Gedicht. Breslau 1856.
4) Grundzüge der verlorenen Abhandlung des Aristoteles über Wirkung der Tragödie. Breslau 1858.

5) Ueber die Chronik des Sulpicius Severus. Breslau 1861.
6) Theophrast's Schrift über die Frömmigkeit. Breslau 1866.
7) Ueber die Herstellung des Zusammenhanges in der unter Philons Namen gehenden Schrift π. ἀφθαρσίας κόσμου. Monatsber. d. Preuss. Akad. d. Wiss. 1863.
8) Zahlreiche philologische Abhandlungen im Rhein. Museum u. s.

Dr. M. Joël, Rabbiner in Breslau.

1) Die Biographien der hervorragendsten Jünger aus der Akibaischen Schule. Frankels Monatsschrift 1854 u. 1855.
2) Ibn-Gebirol's Bedeutung für die Geschichte der Philosophie. Aus Frankels Monatsschrift 1857 besonders abgedruckt in „Beiträge zur Geschichte der Philosophie von Joel."
3) Die Religionsphilosophie des Mose ben Maimon. Breslau 1859.
4) Etwas über den Einfluss der jüdischen Philosophie auf die christliche Scholastik. Frankels Monatsschrift 1860.
5) Lewi ben Gerson (Gersonides) als Religionsphilosoph. Breslau 1862.
6) Ueber einige geschichtliche Beziehungen des Philonischen Systems. Frankels Monatsschrift 1863.
7) Verhältniss Alberts des Grossen zu Moses Maimonides. Breslau 1863. (Die Schriften 2—7 sind zusammengestellt in des Verf. 1. Bande der historischen Beiträge zur Philosophie.)
8) Festpredigten (gehalten in der Seminar-Synagoge). Breslau 1867.
9) Zahlreiche Abhandlungen (in Frankels Monatsschrift u. s.) und Reden.

Dr. B. Zuckermann in Breslau.

1) Ueber Sabbatjahrcyclus und Jobelperiode. Breslau 1857. Ins Englische von Rev. A. Löwy unter dem Titel: „A treatise of the sabbatical cycle and the jubilee" übersetzt. London 1866.
2) Ueber talmudische Münzen und Gewichte. Breslau 1862.
3) Das jüdische Maasssystem und seine Beziehungen zum griechischen und römischen. Breslau 1867.
4) Katalog der Seminarbibliothek, Theil I. Breslau 1870. Zweite Ausgabe desselben. Breslau 1876.
5) Das Mathematische im Talmud. Breslau 1876.
6) Mehrere Aufsätze in Frankels Monatsschrift.

Dr. D. Rosin in Breslau.

1) Abhandlungen über Gedanken, Plan und Verfassung des Unterrichts in den Lehrgegenständen der jüdischen Religion. Berlin 1856 u. 1861.

2) Ueber den Einfluss des Edikts, betreffend die bürgerlichen Verhältnisse der Juden im preussischen Staate, auf Wissen und Bildung in jüdischen Kreisen, insbesondere im Bereiche des jüdischen Schulwesens. Berlin 1862.
3) Uebersichtliche Darstellung des Lebens und Wirkens des Dr. Michael Sachs und des Dr. Moritz Veit. Berlin 1864.
4) Sammlung und Herausgabe der Fest- und Sabbatpredigten von Dr. Michael Sachs. 2. Band. Berlin 1866/67.
5) Ein Compendium der jüdischen Gesetzeskunde aus dem 14. Jahrhundert. Breslau 1871.
6) Die Ethik des Maimonides. Breslau 1876.
7) Maimonides: Ueber die Tugendhaften und Weisen unter den Völkern. Nachtrag zur Ethik des Maimonides. In Berliners Magazin für die Wissenschaft des Judenthums.
8) Mehrere Arbeiten in den Berichten der jüdischen Religionsschule zu Berlin und Recensionen in Frankel-Grätz' Monatsschrift und Berliners Magazin.

Dr. J. Freudenthal, Professor an der Universität zu Breslau.

1) Ueber Princip und Gebiet der Präsumtionen nach talmudischer Lehre. (Gekrönte Preisschrift.) Breslau 1860.
2) Ueber den Begriff des Wortes φαντασία bei Aristoteles. Göttingen 1863.
3) Zur Kritik und Exegese von Aristoteles' περὶ τῶν κοινῶν ψυχῆς καὶ σώματος ἔργων. Breslau 1870.
4) Die Flavius Josephus beigelegte Schrift: Ueber die Herrschaft der Vernunft (IV. Makkabäerbuch). Breslau 1869.
5) Zur Geschichte der Anschauungen über die jüdisch-hellenistische Religionsphilosophie. Breslau 1869.
6) Hellenistische Studien. Heft 1—2: Alexander Polyhistor und die von ihm erhaltenen Reste judäischer und samaritanischer Geschichtswerke. Breslau 1875.
7) Hellenistische Studien. Heft 3: Der Platoniker Albinos und der falsche Alkinoos. Berlin 1879.
8) Mehrere Arbeiten in der von der Bayerischen Akademie der Wissenschaften herausgegebenen Allgemeinen Deutschen Biographie, sowie philosophische und philologische Abhandlungen in den Philosophischen Monatsheften, dem Rheinischen Museum, Benfeys Orient und Occident, Frankel-Grätz' Monatsschrift, Litteraturblatt u. s.

Schriften ehemaliger Schüler des Seminars.

Dr. M. Appel, Rabbiner in Homburg vor der Höhe.
1) Quaestiones de rebus Samaritanorum sub imperio Romanorum peractis. Gottingae 1876.
2) Ueber Samaritaner in Rahmers Litteraturblatt 1878.

Dr. W. Bacher, Professor an der Landesrabbinerschule in Budapest.
1) Nizami's Leben und Werke und der zweite Theil des Nizami'schen Alexanderbuches. Leipzig 1872. (Eine englische Uebersetzung davon erschienen. London 1873.)
2) Abraham Ibn Esra's Einleitung zu seinem Pentateuchcommentar (aus den Abhandlungen der K. Akademie der Wissenschaften). Wien 1876.
3) Die Agada der babylonischen Amoräer. Strassburg 1878 (zugleich dem ersten Jahresberichte der Landesrabbinerschule in Budapest beigegeben). Dasselbe auch in ungarischer Sprache.
4) Sâdi's Aphorismen und Sinngedichte, herausgegeben und übersetzt mit Beiträgen zu Sâdi's Biographie. Strassburg 1879.
5) Das Targum zu Hiob (Monatsschrift Jahrg. XX).
6) Das Targum zu den Psalmen (Monatsschrift Jahrg. XXI).
7) Antikaräisches in dem jungen Midrasch (Monatsschrift Jahrg. XXIII).
8) Andere Abhandlungen in der Frankel - Grätzschen Monatsschrift, in Kobaks Jeschurun (Band VIII), in der Zeitschrift der deutsch-morgenländischen Gesellschaft (Bd. XXVII und XXX) u. s.

Dr. A. Badt, Gymnasiallehrer in Breslau.
1) De oraculis Sibyllinis a judaeis compositis. Vratisl. 1869.
2) Ueber das 4. Buch der Sibyllinen. Breslau 1878.

Dr. J. Bamberger, Rabbiner in Königsberg in Pr.
Abhandlungen über das jüdische Schulwesen, Denkschriften u. s. w.

Dr. Ph. Bloch, Rabbiner in Posen.
1) Die zweite Uebersetzung des Saadianischen Buches Emunoth wedeoth, angeblich von Berechiah hanakdan in der Monatsschrift von Frankel-Grätz 1870 S. 401 ff. u. 449 ff.
2) Professor Rohling's Falschmünzerei auf talmudischem Gebiet. Posen 1876.
3) Von Glauben und Wissen. Saadiah's religiös-philosophisches Buch aus dem Hebräischen neu übersetzt in Rahmers Litteraturblatt 1878.

Dr. J. Blumenstein, Grossherzoglicher Landrabbiner in Luxemburg.
Begriff und Bedeutung des עבד ה׳ im Deuterojesaias (Dissertation). Breslau 1871.

Dr. M. Brann, Prediger in Breslau.
1) De Herodis, qui dicitur Magni, filiis patrem in imperio secutis. Breslau 1870.
2) Biographie Agrippas II. in Frankel-Grätz' Monatsschrift 1870/71.
3) Entstehung und Werth der Megillat Taanit in Frankel-Grätz' Monatsschrift 1876.
4) Die Juden in Breslau. Rahmers Litteraturblatt 1876.
5) Mehrere andere Aufsätze in Rahmers jüdischem Litteraturblatt und der Frankel-Grätz'schen Monatsschrift.

Dr. A. Brüll in Frankfurt a. M.
1) Fremdsprachliche Redensarten im Talmud und Midrasch. Leipzig 1869.
2) Trachten der Juden. Theil I. Frankfurt a. M. 1873.
3) Zahlreiche Arbeiten in N. Brülls Jahrb. für jüdische Geschichte und Litteratur.

Dr. P. Buchholz, Rabbiner in Emden.
1) Ueber die Familie in rechtlicher und moralischer Beziehung nach mosaisch-talmudischer Lehre. Breslau 1867.
2) Historischer Ueberblick über die mannigfachen Codificationen des Halachastoffes. Monatsschr. Jahrg. XIII.
3) R. Asarja Figo und seine Predigtsammlung „Bina le-Ittim". Rahmers Litteraturblatt 1872.
4) Bemerkungen zu Hausraths „Neutestamentliche Zeitgeschichte". Rahmers Litteraturblatt 1878.

Dr. J. Deutsch, Rabbiner in Sohrau O/S.
1) De Elihui sermonum origine atque auctore. Breslau 1873.
2) Zahlreiche Aufsätze über talmudische und biblisch-exegetische Materien (in Rahmers Litteraturblatt) und mehrere Predigten.

Dr. M. Dessauer, Rabbiner in Cöthen.
1) Spinoza und Hobbes. Begründung ihrer Staats- und Religionstheorien. Breslau 1868. (Dissertation.)
2) Der Sokrates der Neuzeit und sein Gedankenschatz. Cöthen 1877.
3) Biographie des Rabbenu Tam. Rahmers Litteraturblatt 1873.
4) Predigten und Abhandlungen in Rahmers Litteraturblatt.

Dr. Drabkin, Rabbiner in St. Petersburg.
1) Fragmenta commentarii Samaritano-Arabici. Lips. 1875.
2) Die russische Gesetzgebung in Bezug auf die Juden. Monatsschrift Jahrg. XXIV.

Dr. A. Frank, Rabbiner in Cöln.
Mehrere wissenschaftliche Arbeiten in Frankel-Grätz' Monatsschrift und Predigten.

Dr. P. Frankl, Rabbiner in Berlin.
1) Ein mutazilitischer Kalam, Beitrag zur Geschichte der muslimischen Religionsphilosophie. Breslau 1872.
2) Die Stellung Joseph al Basir's in der jüd. Religionsphilosophie. (Monatsschrift Jahrg. XX.)
3) Beiträge zur Geschichte der letzten gaonäischen Zeit und zur Kritik der karäischen Propaganda. (Monatsschrift Jahrg. XX.)
4) Studien über die Septuaginta und Peschito. (Monatsschrift Jahrg. XXI.)
5) Neue Wahrnehmungen an Eldad Haddani, Jehuda b. Koreisch und Saadia. (Monatsschrift Jahrg. XXII u. XXIII.)
6) Karäische Studien. (Monatsschrift Jahrg. XXV.)
7) Mehrere andere Abhandlungen in der Frankel-Grätz'schen Monatsschrift und im Haschachar.

Dr. A. Frankl-Grün, Rabbiner in Kremsier.
1) Historische Momente in den Sprüchen der Väter. (Rahmers Litteraturblatt 1878.)
2) Zahlreiche Aufsätze in Hamagid, Ibri, Mebasser, Chawazeles und in der Frankel-Graetzschen Monatsschrift, Rahmers Litteraturblatt und Neuzeit.

Dr. D. Gerson, gest. 1872.
Die Commentarien des Ephraem Syrus im Verhältniss zu jüdischen Exegese. (Monatsschrift Jahrg. XVII.)

Dr. R. Goldberg, Rabbiner in Ofen.
1) Kurzgefasste Geschichte der Juden in ungarischer Sprache.
2) Mehrere Predigten und Aufsätze.

Dr. L. Goldschmidt, Rabbiner in Colberg.
1) Hebräische Schulgrammatik. Berlin 1871.
2) 4 Briefe zur Schulfrage. Colberg 1871.
3) Mehrere Predigten und Aufsätze.

Dr. A. Gordon in Breslau.
Spinozas Psychologie der Affecte. Breslau 1874.

Dr. S. Gronemann, Rabbiner in Danzig.
1) De Profiatii Durani (Ephodaei) vita ac studiis cum in alias literas tum in grammaticam collatis. Breslau 1869 (Dissertation).
2) Die Jonathan'sche Pentateuchübersetzung in ihrem Verhältnisse zur Halacha. Leipzig 1879.
3) Mehrere Aufsätze in Frankel-Grätz' Monatsschrift, Rahmers Litteraturblatt und Predigten.

Dr. A. Gross, Rabbiner in Augsburg.
1) R. Abraham b. Isaak aus Narbonne. Ein litterarhistorischer Versuch (in Frankel-Grätz' Monatsschrift 1868).
2) Aaron Hakohen und sein Ritualwerk Orchot Chajim, ein litterarhistorischer Versuch. Monatsschrift 1869.
3) R. Isaak b. Mose Or Sarua aus Wien. Ein Beitrag zur Geschichte der Tosafisten. Monatsschrift 1871.
4) R. Abraham b. David aus Posquières. Ein litterarhistorischer Versuch. Monatsschrift 1873 und 1874.
5) Zur Geschichte der Juden in Arles. Monatsschrift 1878 und 1879.
6) Die jüdischen Gelehrten von Orleans im Mittelalter, Analekta. In Berliners Magazin in 1874.
7) Die Söhne des R. Jehuda Chassid, Analekta. Magazin 1874.
8) Isaak b. Malki Zedek aus Siponto und seine süditalischen Zeitgenossen. Magazin 1875.
9) Jehuda Sir Leon aus Bares, Analekta. Magazin 1877 u. 1878.
10) Mehrere andere Abhandlungen in verschiedenen Zeitschriften.

Dr. M. Güdemann, Rabbiner in Wien.
1) Moslih-ed-Dini Sadii consensuum tertius et quartus etc. Lips. 1858.
2) Zur Geschichte der Juden in Magdeburg. Breslau, Skutsch 1866.
3) Das jüdische Unterrichtswesen während der spanisch-arabischen Periode. Wien, Carl Gerold's Sohn 1873.
4) Religionsgeschichtliche Studien. Leipzig, Oscar Leiner 1876.
5) Jüdisches im Christenthum des Reformations-Zeitalters. Wien 1870.
6) Jesuiten und Judenkinder. (Monatsschrift Jahrg. VIII.)
7) Die Neugestaltung des Rabbinenwesens und deren Einfluss auf die talmudische Wissenschaft im Mittelalter. (Monatsschrift Jahrg. XIII.)
8) Ueber talmudische Termini zur Bezeichnung anonymer Autoritäten. (Monatsschrift Jahrg. XVIII.)
9) Tendenz und Abfassungszeit der letzten Kapitel des Buches der Richter. (Monatsschrift Jahrg. XVIII.)
10) Mythenmischung in der Hagada. (Monatsschrift Jahrg. XXV.)
11) Predigten. Wien 1867.
12) Mehrere Abhandlungen in der Frankel-Grätzschen Monatsschrift, Kobaks Jeschurun u. s.

Dr. J. Guttmann, Rabbiner in Hildesheim.
1) De Cartesii Spinozaeque philosophiis. Gekrönte Preisschrift 1868.
2) Die Religionsphilosophie des Abraham Ibn Daud. Göttingen, Vandenhoeck und Ruprecht 1879.
3) Ueber die Entwickelung der jüdischen Religionsphilosophie. (Rahmers Litteraturblatt 1877.)

4) Mehrere Aufsätze in der Frankel-Grätzschen Monatsschrift, Rahmers Litteraturblatt und mehrere Predigten.

Dr. J. Heckscher, Prediger in Ratibor.

Dänische Grammatik nach Ollendorff's Methode, 3 Theile. Frankfurt a. M. 1862. 2. vermehrte Auflage. Das.

Dr. J. Horowitz, Ober-Rabbiner in Crefeld.
1) Das Buch Jesus Sirach. Breslau, Schletter 1867.
2) מפתח לדרכי המשנה Ausführliches Sach- und Namen-Register zu Frankels Hodegetica in Mischnam. Leipzig 1867.
3) Die Predigt der Gegenwart, ein Volksbildungselement, in Rahmers Predigtenmagazin. (Jahrg. I.)
4) Die Aufgabe der israelitischen Predigt der Gegenwart. Das. S. 33.
5) Predigten und Aufsätze in der Frankel-Grätzschen Monatsschrift und in Komperts Jahrbuch.

Dr. A. S. Isaacs M. A., New-York.
1) A Modern Hebrew Poet. Life and Writings of M. Ch. Luzzatto. New-York 1878.
2) Zahlreiche Arbeiten in dem von ihm herausgegebenen Jewish Messenger.

Dr. H. Jaulus, Rabbiner in Aachen.
1) Aufsätze in der Monatsschrift über R. Simon ben Zemach Duran.
2) Der philosophische Dilettantismus im Judenthum und seine Wirkungen. (Rahmers Litteraturblatt 1875.)
3) Kleinere Aufsätze in Litteraturblatt und Liebermann's Volkskalender.

Dr. D. Kaufmann, Professor an der Landesrabbinerschule in Budapest.
1) Die Theologie des Bachja ibn Pakuda. Wien 1874.
2) Jehuda Halevi. Versuch einer Charakteristik. Breslau 1877.
3) Sieben Festpredigten in der Berliner Gemeindesynagoge. Berlin 1877.
4) George Eliot und das Judenthum. Berlin. Gerschel 1877. Auch ins Englische übersetzt: George Eliot and Judaism bei F. W. Ferrier. Edinburg and London 1877.
5) Geschichte der Attributenlehre in der jüdischen Religionsphilosophie des Mittelalters. Gotha 1877.
6) Zahlreiche Aufsätze und Predigten in der Frankel-Grätzschen Monatsschrift, Rahmers Litteraturblatt, Magazin für Litteratur des Auslandes u. s.

Dr. A. Kisch, Rabbiner in Zürich.
1) Papst Gregor IX. Anklageartikel gegen den Talmud und dessen Vertheidigung durch Jechiel ben Josef in Paris vor Ludwig IX. Leipzig 1874.

2) Praktisches Uebungsbuch zum Uebersetzen aus dem Hebräischen. Breslau 1876.
3) Der Septuagintal-Codex des Ulfilas. (Monatsschrift, Jahrg. XXII.)
4) Leben und Wirken Hillel I. Vortrag in Afike Jehudaverein in Prag. Wien 1877.
5) Der Essäer. Vortrag in Zürich. Wien 1878.
6) Religion und Mysterien, eine völkerpsychologische Skizze. Zürich 1879.
7) Mehrere Aufsätze und Predigten.

Dr. W. Klemperer, Rabbiner in Landsberg a. W.
1) Predigten. Breslau 1866.
2) Vortrag über Chr. Thomasius. Landsberg a. W.

Dr. S. Kohn, Prediger in Budapest.
1) „Der Profet Elijah in der Legende." Breslau 1863 (Separatabdruck aus Frankels Monatsschrift).
2) „De Pentateucho samaritano ejusque cum versionibus antiquis nexu." Dissertatio inauguralis etc. Lipsiae 1865.
3) „Samaritanische Studien," Beiträge zur samaritanischen Pentateuch-Uebersetzung und Lexicographie. Breslau 1868 (Separatabdruck aus Frankels Monatsschrift 1867—68).
4) „Ungarisch-jüdische Wochenschrift", Organ für Gemeinde, Schule und Haus. Herausgegeben von Dr. M. Kayserling und Dr. S. Kohn. Pest 1871 und 1872.
5) Ein Band ungarischer Fest- und Gelegenheitspredigten und Fest-Texte „Zsinagógai szónoklatok". Budapest 1875.
6) „Zur Sprache, Litteratur und Dogmatik der Samaritaner." Drei Abhandlungen nebst zwei bisher unedirten samaritanischen Texten. Leipzig 1875.
7) A magyar nemzeti múzeum könyvtárának héber kéziratai." Budapest 1877.
8) „Die hebräischen Handschriften des ungarischen Nationalmuseums zu Budapest." Berlin 1877.
9) „Mardochai ben Hillel," sein Leben und seine Schriften nebst 6 bisher unedirten hebräischen Beilagen. Breslau 1878.
10) „Héber kútforrások és adatok Magyarország történelméhez". Ungarisch-hebräische Quellen und Daten zur Geschichte von Ungarn. (Unter der Presse.)
11) Mehrere Predigten und Aufsätze.

Dr. H. Kohn aus Eidlitz, gest. 1870.
Die böhmischen Theobalde. Prag 1868.

Dr. A. Kohut, Rabbiner in Fünfkirchen (Ungarn).
1) Ueber die jüdische Angelologie und Dämonologie in ihrer Abhängigkeit vom Parsismus. Leipzig 1866. Commission Brockhaus.
2) A Talmud és a Parsismus (der Talmud und der Parsismus) akademischer Vortrag in der historisch-philosophischen Section der ungarischen Akademie (1868) verlesen durch Prof. Hunfalwy.
3) Kritische Beleuchtung der persischen Pentateuchübersetzung des Jakob ben Josef Tavûs. Leipzig und Havelberg 1871. Verlagshandlung Winter.
4) Etwas über die Moral und Abfassungszeit des Buches Tobias. Geigers Zeitschrift. B. 10. Separatabdruck in Commission von Schletter in Breslau.
5) ערוך השלם ספר Aruch Completum sive lexicon vocabula et res, quae in libris Targumicis Talmudicis et Midraschicis continentur, explicans mit Unterstützung der kaiserlichen Akademie der Wissenschaften in Wien. Band I. Wien 1878.
6) Was hat die jüdische Eschatologie aus dem Parsismus aufgenommen. (Zeitschrift der deutsch-morgenländischen Gesellschaft. Band 21.)
7) Antiparsische Aussprüche im Deuterojesajas. (Zeitschrift der deutsch-morgenländischen Gesellschaft. Band 30.)
8) Zahlreiche Predigten und Abhandlungen in der Zeitschrift der deutsch-morgenländischen Gesellschaft und in anderen deutschen und ungarischen Zeitschriften.

Dr. Th. Kroner, Rabbiner in Eisenach.
1) De Abrahami Bedaresii operibus (Dissertation).
2) Unwahres, Entstelltes und Erfundenes in dem Talmudjuden von Professor Rohling.
3) Mehrere Schulschriften.

Dr. S. Kusznitzki, Religionslehrer und Prediger in Braunschweig.
1) Plan und System in der Aufeinanderfolge der einzelnen Mischuas. (Monatsschrift, Jahrg. XXII.)
2) Ueber das Zeitalter der Propheten Joel, Amos, Obadja. Lateinisch (Dissertation). Breslau 1872.
3) Mehrere Abhandlungen in Rahmers Litteraturblatt u. s. w.

Dr. Marcus Landsberg, Rabbiner in Posen.
De Leibnitii fundamentis etc. Vratislavia 1857.

Dr. Max Landsberg, Rabbiner in Rochester (Nord-Amerika).
1) Der Codex von Raschi's und Raschbam's Pentateuchcommentarien aus der Breslauer Seminarbibliothek. (Monatsschrift, Jahrg. XIV.)

Dr. W. Landsberg, Rabbiner in Lauenburg (Pommern).
1) Ueber den Ursprung des Karäerthums (Rahmers Litteraturblatt 1873).
2) Mehrere Aufsätze in der Frankel-Grätzschen Monatsschrift und in Rahmers Litteraturblatt.

Dr. W. Lesser, Rabbiner in Bielitz.
1) R. Josua ben Chananjah (Rahmers Litteraturblatt 1872).
2) Mehrere Predigten und Abhandlungen.

Dr. J. Lewy, Lehrer an der Hochschule für jüdische Wissenschaft in Berlin.
1) Ueber einige Fragmente aus der Mischna des Abba Saul (Jahresbericht der Hochschule 1876).
2) Zur Erklärung der Mischna Megilla 4, 9 (Monatsschrift, Jahrg. XIX).

Dr. A. Lewin, Rabbiner in Coblenz.
1) Die Makkabäische Erhebung (Dissertation). Breslau 1870.
2) Die Religionsdisputation R. Jechiels. (Gekrönte Preisschrift.) 1869.
3) Salomon Maimon (Rahmers Litteraturblatt 1877).
4) Handelsgeschichte der Juden des Alterthums (ibid.).
5) Predigten in Rahmers Predigtmagazin.

Dr. M. Löwenmeyer, Rabbiner in Frankfurt a. O.
1) R. Jochanan ben Napcha. Breslau 1855.
2) Mehrere Abhandlungen und Predigten.

Dr. S. Maybaum, Rabbiner in Saatz.
1) Die Anthropomorphien und Anthropopathien bei Onkelos und den späteren Targumim. Breslau 1870. (Gekrönte Preisschrift.)
2) Ueber das Targum zu den Sprüchen in Merx' Archiv 1875.
3) Mehrere Predigten und Abhandlungen.

Dr. J. Neubürger, Rabbiner in Fürth.
1) Zur Geschichte der Aufstände der Juden unter Trajan und Hadrian. Breslau 1873.
2) Mehrere andere Abhandlungen in Frankel-Grätz' Monatsschrift.

Dr. J. Perles, Rabbiner in München.
1) Ueber den Commentar des R. Moses ben Nachmann zum Pentateuch. Breslau 1858. (Gekrönte Preisschrift.)
2) Meletemata Peschitthoniana. Breslau 1859.
3) Die jüdische Hochzeit in nachbiblischer Zeit. Breslau 1860.
4) Die Leichenfeierlichkeiten im nachbiblischen Judenthum. Breslau 1861. Auch in englischer Uebersetzung in den von der American Jewish Publication Society herausgegebenen Hebrew-Characteristics. New-York 1875.

5) Salomo ben Abraham ben Adereth. Sein Leben und seine Schriften nebst handschriftlichen Beilagen. Breslau 1863.
6) Geschichte der Juden in Posen. Posen 1865.
7) David Cohen de Lara's rabbinisches Lexikon Kheter Khehunnah. Breslau 1868.
8) Etymologische Studien zur Kunde der rabbinischen Sprache und Alterthümer. Breslau 1871.
9) Zur rabbinischen Sprach- und Sagenkunde. Breslau 1873.
10) Die in einer Münchener Handschrift aufgefundene erste lateinische Uebersetzung des Maimonidischen Führers. Breslau 1875.
11) Zahlreiche Abhandlungen in der Frankel-Grätzschen Monatsschrift. Kleinere Aufsätze im Wiener Jahrbuch, Ben Chananja und Rahmers Litteraturblatt.
12) Bei verschiedenen Anlässen gedruckte Predigten.

Dr. G. Perlitz, Rabbiner in Klattau.
1) Philosophische Ansichten Ibn Esras (in Ben Chananja 1867).
2) Ibn Esra und Sadias hinsichtlich der philosophisch-dogmatischen Exegese (in Sonnenscheins homiletischer Monatsschrift 1868).
3) Mehrere Aufsätze und Predigten.

Dr. J. Prager, Direktor der Religionsschule in Hannover.
1) De veteris testamenti versione syriaca quam Peschittho vocant quaestiones criticae, pars I. Breslau 1875.
2) Mehrere Abhandlungen in den Programmen der jüd. Religionsschule zu Breslau u. s.

Dr. M. Rahmer, Rabbiner in Magdeburg.
1) Ueber die Einleitung zu Maimonides' Mischnacommentar (Gekrönte Preisschrift). Breslau 1860.
2) Die hebräischen Traditionen in den Werken des Hieronymus I. Theil. Quaestiones in Genesin. Breslau 1861.
3) Die hebräischen Traditionen u. s. w. II. Theil. Die Quaestiones in libros Regum (Ben Chananja) 1864.
4) Die hebräischen Traditionen u. s. w. III. Theil. Die Quaestiones in libros Paralipomenon. Thorn 1866.
5) Die hebräischen Traditionen u. s. w. IV. Theil. Commentarii in Hoseam. Frankels Monatsschrift 1865. 1867. 1868.
6) Das Jüdische Litteraturblatt 1872—79. Leipzig bei Robert Friese.
7) Die Israelitische Wochenschrift. (Mitredaktion seit 1872; Uebernahme der alleinigen Redaktion seit 1878.)
8) Israelitisches Predigtmagazin. I.—V. Jahrgang 1874—79. Leipzig bei Robert Friese, und einzelne Gelegenheitspredigten.

9) Die Artikel betr. Jüdische Litteratur in Pierers Conversationslexikon. Sechste Auflage.
10) Zahlreiche Abhandlungen in Frankel-Grätz' Monatsschrift und anderen Zeitschriften.
11) Zahlreiche Schriften für Schule und Synagoge.

Dr. V. Rawitsch, Rabbiner in Kippenheim (Baden).
Der 45. Psalm (Rahmers Litteraturblatt 1877).

Dr. J. Reis, Rabbiner in Also-Kubin (Ungarn).
Das Targum Scheni zum Buche Esther. Monatsschrift 1876.

Dr. B. Rippner, Rabbiner in Gr.-Glogau.
1) Elia del Medigo, ein jüd. Popularphilosoph (Monatsschr. Jahrg. XX).
2) Herder's Bibelexegese (Monatsschrift. Jahrg. XXI).
3) Salomon Ludwig Steinheim (Monatsschrift. Jahrg. XXI).
4) Zahlreiche Aufsätze in Rahmers Litteraturblatt und Predigten.

Dr. M. Rosenstein, Rabbiner in Graudenz.
Abû-Nassr Alfârâbii de intellectu intellectisque commentatio. Breslau 1858.

Dr. A. Schwarz, Rabbiner in Carlsruh.
1) Der jüdische Kalender, historisch und astronomisch untersucht. Breslau. Skutsch 1872. (Gekrönte Preisschrift.)
2) Die Tosifta zur Ordnung Moëd I. Theil.
3) R. Mose ben Nachman (Rahmers Litteraturblatt 1873).
4) Studien über die Tosifta (Monatsschrift Jahrg. XXIII).
5) Zur Geschichte des constanten Kalenders (ibid.).
6) Sabbathpredigten. Carlsruh 1878—1879.

Dr. M. Salzberger, Rabbiner in Culm.
Die Septuaginta-Uebersetzung zum Buche Kohelet in Frankel-Grätz' Monatsschrift Jahrgang XXII.

Dr. H. Seligsohn aus Wollstein, gest. 1860.
De duabus hierosolymitanis Pentateuchi paraphrasibus. Vratisl. 1858.

D. Simonsen, Rabbinatsadjunct in Kopenhagen.
Mehrere Aufsätze und Abhandlungen in Schürers Litteraturzeitung u. Rahmers Litteraturblatt.

Dr. J. Stier, Rabbiner in Steinamanger.
1) Eine Erklärung zu Exodus 11, 7 (Rahmers Litteraturblatt 1877).
2) Achiman, Scheschai, Talmai (Rahmers Litteraturblatt 1878).
3) Die Tempelpsalmen (Rahmers Litteraturblatt 1879).

Dr. J. Theodor in Ratibor.
1) Der Unendlichkeitsbegriff bei Kant u. Aristoteles. Breslau. Köbner 1877.

2) Zur Composition der agadischen Homilie in Frankel-Grätz' Monatsschrift 1879.

Dr. L. Treitel, Rabbiner in Koschmin.
1) De Philonis Judaei Sermone. Breslau 1871.
2) Die Bedeutung der jüdischen Feste nach Philo (Rahmers Litteraturblatt 1872).
3) Das Wortspiel in den Proverbien (Rahmers Litteraturblatt 1878).

Dr. H. Vogelstein, Rabbiner in Pilsen.
1) Ueber die jüdische Alexandersage bei den Orientalen (Dissertation). Breslau.
2) Mehrere Abhandlungen in der Frankel-Grätzschen Monatsschrift und in den Berichten der Religionsschule zu Saatz und Pilsen.

Dr. J. Wallerstein aus Siegberg, gest. als Rabbiner von Danzig 1876. Scherirae quae dicitur epistola. Krotoschin 1860.

Dr. A. Wedell, Rabbiner in Düsseldorf.
1) De emendationibus in libris sacris veteris Testamenti a Sopheris propositis. Breslau 1869.
2) Mehrere wissenschaftliche Artikel in Rahmers Litteraturblatt.

Dr. C. Werner, Rabbiner in Danzig.
1) Johann Hyrkan, ein Beitrag zur Geschichte Judäas. Wernigerode 1877.
2) Abraham Maimuni, sein Leben und Wirken. Danzig 1879.
3) Mehrere Predigten und Abhandlungen.

Dr. B. Ziemlich, Prediger in München.
Aufsätze in Rahmers Litteraturblatt und Berliners Magazin.

Dr. M. Zuckermandl, Rabbiner in Pasewalk.
1) Die Erfurter Handschrift der Tosifta. Berlin, Gerschel 1874.
2) Tosefta nach den Erfurter und Wiener Handschriften edirt. 4 Hefte. Berlin 1877—1879.
3) Die Familie in moralischer und rechtlicher Beziehung. Breslau 1869.
4) Der talmud. Begriff Berera. 1869.
5) Ueber Beurtheilung von Zweck und Absicht bei Uebertretung religiöser Verbote nach dem Talmud. Breslau 1870—1872.
6) Zur Halacha-Kritik. Breslau 1872—1873.
7) Verhältniss der Tosefta zur Mischna und der jerusalem. Gemara zur babylonischen. Breslau 1874—1875.
8) Lexikalisches und Archäologisches im Talmud. Monatsschrift 1874.
9) Zahlreiche Aufsätze (in Rahmers Litteraturblatt, Berliners Magazin, Hamagid) und Predigten.

C. Preisaufgaben des Seminars.

1855.

Ueber die nach mosaisch-talmudischer Lehre obliegende Pflicht, dem Nächsten bei Gefährdung seines Lebens oder seines Eigenthums beizustehen, und ob bei Rettung des gefährdeten Eigenthums des Nächsten nach dieser Lehre rechtlich eine Belohnung oder Schadloshaltung beansprucht werden kann.

Den Preis erhielt stud. philos. H. Seligsohn aus Wollstein.

1856.

Ueber den Geist der Uebersetzung des Jonathan ben Usiel zum Pentateuch, und ob diese Uebersetzung einen Verfasser hat mit dem ihr in den Editionen beigedruckten Targum jeruschalmi.

Den Preis erhielt stud. philos. H. Seligsohn aus Wollstein und J. Traub aus Mannheim.

1857.

Ueber den Geist des Commentars des R. Moses ben Nachman zum Pentateuch und über sein Verhältniss zum Pentateuch-Commentar Raschi's.

Den Preis erhielt stud. philos. J. Perles aus Baja.

1858.

Ueber Inhalt und Geist der Einleitungen des R. Moses ben Maimon (Rambam) zu seinem Mischna-Commentar, mit besonderer Berücksichtigung des von E. Pococke edirten arabischen Originals zur Ordnung Seraim.

Den Preis erhielt stud. philos. M. Rahmer aus Rybnik.

1859.

Ueber Princip und Gebiet der Präsumtionen nach talmudischer Lehre.

Den Preis erhielt stud. philos. J. Freudenthal aus Hannover.

1860.

Ueber Soferim und Synhedrium; Entstehen, Dauer und Thätigkeit bis auf Schemaja und Abtaljon.

Den Preis erhielt Dr. philos. D. Michaelis aus Chodziesen.

1861.

Die Familie in moralischer und rechtlicher Beziehung nach mosaisch-talmudischer Lehre.

Den Preis erhielt Peter Buchholz aus Bomst und M. S. Zuckermandl aus Ungarisch-Brod in Mähren.

1862.
Die Halacha und Hagada nach Etymologie und Begriff.
Den Preis erhielt stud. phil. II. Gross aus Szenitz in Ungarn.

1863.
R. Simon ben Gamaliel II. nach seinen Lebensverhältnissen und seiner geistigen Thätigkeit.
Den Preis erhielt stud. phil. Ph. Bloch aus Tworog in Schlesien.

1864.
Verhalten des Kaisers Julian gegen die Juden, im Gegensatze zu ihrer Stellung unter seinen Vorgängern Constantins und Gallus, und Angabe der Motive.
Den Preis erhielt stud. phil. D. Gerson aus Koschmin.

1865.
Die Fortbildung der hebräischen Sprache in der Mischna in formaler und realer Beziehung.
Den Preis erhielt stud. phil. J. Lewy aus Inowraclaw, Posen, und A. Stein aus Grombach, Baden.

1866.
Die Uebersetzung des Jonathan ben Usiel zum Pentateuch nach ihrer halachischen Paraphrase und Angabe der Quellen.
Den Preis erhielt stud. phil. N. Glaser aus Nicolsburg.

1867.
Die Religionsdisputation des R. Jechiel von Paris am Hofe Ludwigs des Heiligen, ihre Veranlassung und ihre Folgen.
Nicht gelöst.

1868.
Dieselbe Aufgabe.
Den Preis erhielt Dr. phil. A. Lewin aus Pinne.

1869.
Die Weise der Umschreibung der Anthropomorphien und Anthropopathien bei Onkelos und den anderen Targumim mit besonderer Berücksichtigung der Ausdrücke שכינה, יקרא, מימרא.
Den Preis erhielt stud. phil. S. Maybaum aus Misckoldz in Ung.

1870.

Ueber Philo's Erklärung des Decalogs und ihre Beziehungen zur palästinensischen Exegese.

Nicht gelöst.

1871.

System und Berechnung des jetzt bestehenden constanten jüdischen Kalenders mit Berücksichtigung seiner historischen Entwickelung.

Den Preis erhielt Dr. Adolf Schwarz aus Tewel in Ungarn.

1872.

Uebersicht und Charakteristik der jüdischen Exegese in Deutschland und Frankreich im Mittelalter.

Den Preis erhielt Dr. N. Porges aus Prosnitz.

1873.

Die Theologie des Bachja Ibn Pakuda.

Den Preis erhielt Dr. D. Kaufmann aus Kojetein.

1874.

Plan und Anlage des Jad Hachasaka von M. Maimonides und welche Werke hat er demselben als grundlegend vorangeschickt.

Den Preis erhielt Dr. B. Ziemlich aus Ungarisch-Brod in Mähren.

1875.

Der Historiker Justus von Tiberias und seine Stellung zu Josephus und den Römern.

Nicht gelöst.

1876.

Dieselbe Aufgabe.

Den Preis erhielt Dr. A. Bärwald aus Nakel.

1877.

Die Verordnungen der Gaonim im geschichtlichen Zusammenhange darzustellen.

Den Preis erhielt Dr. C. Werner aus Rogasen.

1878.

Darstellung der astronomischen Berechnung und Begründung des altjüdischen Kalenders nach Maimonides.

Nicht gelöst.

1879.

Dieselbe Aufgabe.

D. Die Bibliothek des Seminars.

Mit der Gründung des Seminars wurde als der Würde und den Zwecken einer derartigen wissenschaftlichen Anstalt entsprechend die Errichtung einer Bibliothek beschlossen, welche hauptsächlich die der jüdischen Wissenschaft angehörenden Werke aufnehmen sollte. Zu diesem Zwecke wurde im Jahre 1854 die Bibliothek des in Triest verstorbenen Leon V. Saraval angekauft. Sie enthielt 63 Nummern hebräischer und 6 Nummern nicht hebräischer Handschriften, 48 Nummern hebräischer Editionen des fünfzehnten Jahrhunderts und 1373 Nummern hebräischer und nicht hebräischer später edirter Druckwerke. Als Bibliothekar wurde im Jahre 1857 der Lehrer am Seminar Dr. B. Zuckermann angestellt. Durch Ankäufe und Geschenke wurde diese Bibliothek beträchtlich vermehrt. Zunächst ist des bedeutenden Zuwachses zu gedenken, den die Bibliothek im Jahre 1862 durch die Schenkung des bedeutendsten Theils der Bibliothek des Dr. B. Beer in Dresden erhielt. Von grösseren Schenkungen sind noch zu erwähnen: Ein Theil der hebräischen Bibliothek des Kaufmann M. B. Friedenthal hier, die hebräische Bibliothek des Herrn Wolf Schiff hier, die Bibliotheken der Herren S. B. Franzos in Inowraclaw, des Curator Dr. med. Lobethal hier, des Direktor Dr. Z. Frankel hier, Dr. Emanuel Fuchs in Kojetein (Mähren), Nathan Hamburger in Kosten, Jakob Hamburger in Schmiegel u. m. A.

Das jüngste Protokoll vom 2. August 1878 ergiebt: 8732 Nummern mit 12,310 Bänden und 1440 Broschüren.

Die Bibliothek ist zum öffentlichen Gebrauch geöffnet: Montag und Donnerstag von 12—1 Uhr.

E. Der Verein Liwjath-Chen.

Der Verein Liwjath-Chen wurde im Jahre 1855 auf Anregung des verewigten Direktors Dr. Z. Frankel von den Hörern des Seminars gegründet. Zweck seiner Gründung war Unterstützung bedürftiger Seminaristen. Zur Erreichung dieses Zweckes wurden drei Fonds gebildet. Einer derselben, unter dem Namen Unterstützungsfonds, hat die Bestimmung, unbemittelten Hörern des Seminars Unterstützungen zu bieten. Die anderen zwei unter dem Namen Darlehns-

Fonds I und II sind dazu bestimmt, Darlehen zu gewähren, und zwar Fonds I an Hörer des Seminars, Fonds II an vom Seminar bereits entlassene, noch nicht angestellte Rabbiner.

Der Unterstützungsfonds, der bei der Gründung nur geringe Mittel besass, erweiterte sich allmählich immer mehr, und sein Vermögen besteht jetzt, abgesehen von den Beiträgen und Spenden hiesiger und auswärtiger Mitglieder, in einem Kapital von 12,600 Mark, dessen jährliche Zinsen zu Unterstützungen verwendet werden.

Das Vermögen des Darlehnsfonds I setzt sich aus den Eintrittsgeldern und den regelmässigen Wochen-Beiträgen der Vereinsmitglieder zusammen; das des Darlehnsfonds II aus Spenden, die demselben ausdrücklich zugewiesen worden sind. Gegenwärtig besitzen die beiden Darlehnsfonds zusammen ein Kapital von 5000 Mark, welches Kapital als Darlehen in den Händen theils gegenwärtiger, theils ehemaliger Schüler des Seminars sich befindet.

Den Aufschwung, den namentlich der Unterstützungsfonds in den letzten Jahren genommen, hat der Verein vor Allem der Hochherzigkeit seines Ehrenmitgliedes, des verewigten Direktors Dr. Frankel, der dem Verein ein Legat von 12 000 Mark, und den Bemühungen eines zweiten Ehrenmitgliedes, des verewigten Direktors Dr. Lazarus zu verdanken, dessen fürsorgliches Streben darauf gerichtet war, in weiteren Kreisen Mitglieder für den Verein zu gewinnen und auch Gemeinden (so die zu Aachen, Carlsruhe, Culm u. A., sowie den deutsch-israelitischen Gemeindebund zu Leipzig) zum Beitritt zu veranlassen. Durch die so dem Vereine von verschiedenen Seiten zufliessenden reichen Hilfsquellen ist er in den Stand gesetzt, eine grosse Zahl von Darlehen zu gewähren und jährlich eine Summe von circa 2000 Mark als Unterstützungen an hifsbedürftige Hörer zu verausgaben.

Die Vereinsangelegenheiten werden von einem Vorstande, bestehend aus fünf Mitgliedern, geleitet, welcher jährlich aus der Mitte der dem Vereine angehörenden Seminaristen gewählt wird.

Durch die vereinten Bemühungen der Hörer des Seminars, wie edelgesinnter auswärtiger Mitglieder sind die angegebenen schönen Erfolge ermöglicht worden. Möchte die milde geräuschlose Wirksamkeit des Vereins auch in Zukunft Theilnahme und Förderung finden!

F. Legate, Spenden und Zuwendungen.

An Legaten, beziehungsweise Schenkungen sind dem Seminar namhafte Zuwendungen gemacht worden

von Herrn Banquier Joseph Prinz hier.
„ dem Vorstande der jüdischen Gemeinde zu Oppeln.
„ Herrn Eisenbahndirektor Joseph Lehmann zu Gr.-Glogau.
„ „ Kaufmann B. Poppelauer hier.
„ „ Rentier Leiser Jaffé zu Posen (zum Andenken an seinen Sohn Hermann Jaffé).
„ „ Kaufmann Itzig Zacharias Hamburger hier.
„ „ S. B. Zuckermann hier.
„ den Herren Vertretern der israelitischen Gemeinde zu Wien.
„ Herrn Kaufmann Moses Biram hier.
„ „ Kaufmann Marcus Sochaczewski hier.
„ Frau Klara verw. Marcus Bondi zu Dresden.
„ verw. Frau Sophie Schwerin hierselbst zum Andenken an ihren Mann, den Herrn Louis Schwerin.
„ dem Vorstande des Talmud-Thora-Vereins zu Danzig.
„ Herrn M. Gottschalk Lewy zu Belgard in Pommern.
„ „ Rittergutsbesitzer Emanuel Pringsheim hier.
„ „ Partikulier Heinrich Lunge hier.
„ verw. Frau Sanitätsrath Dr. Levy, Marianne, geb. Berend, hier, zum Andenken an ihren Gatten, den Herrn Sanitäts-Rath Dr. Immanuel Levy hier.
„ Frau Auguste verw. Milch, zum Andenken an ihren Gatten, den Herrn Kaufmann Löbel Milch hier.
„ verw. Frau Helene Bersohn zu Warschau, zum Andenken an ihren Gatten, den Herrn Sigismund Bersohn.
„ Herrn Gerichts-Assessor Dr. Siegfried Marck hier, zum Andenken an seinen Bruder, den Herrn Bernhard Moritz Marck.
„ Frau Seminar-Direktor Rosa Frankel hier, zum Andenken an ihren Vater, Herrn Emanuel Meyer zu Teplitz.
„ Herrn Kaufmann Jonas Zepler hier.
„ Wolff Schiff hier.
„ Assessor Hugo Milch hier.

Von Frau Wittwe Rosalie Zunz in Dresden zum Andenken an ihren
Gatten, den Herrn Lippmann Zunz daselbst.
„ Herrn Privatlehrer Selig Salomon zu Danzig.
„ Herrn Siegfried Cassirer und D. Cohn zu Ober-Glogau.
„ Herrn Stadtrath Benny Burchardt in Landsberg a. W., zum
Andenken an seine Frau Minna Burchardt geb. Levy
daselbst.
„ Herrn Kaufmann Emanuel Moses Cohn in Grünberg.
„ „ Kaufmann Heymann Alexander hier.
„ „ Albert Alexander Katz in Görlitz (als Albert und
Julie Katz'sches Confirmanden-Stipendium).
„ verw. Frau Kaufmann Amalie Meyer geb. Poppelauer, zum
Andenken an ihren Gatten, den Herrn Kaufmann Meier
Meyer hier.
„ Herrn Kaufmann J. Ephraim hier, zum Andenken an seine
Mutter, die verw. Frau Kaufmann Esther Ephraim geb.
Schwabach hier.
„ Herrn Commissions-Rath Moritz Wesel in Gemeinschaft mit
den anderen Hinterbliebenen des Fräulein Minna Blau hier,
zum Andenken an dieselbe.
„ Frau Friederike Levy hier, zum Andenken an ihre verstorbene
Tochter Julie.
„ Herrn Seminar-Direktor Dr. Zacharias Frankel, zum An-
denken an seine Ehefrau Rosa Frankel geb. Meier.
„ verw. Frau Eisenbahn-Direktor Johanna Lehmann geb. Leh-
feld in Berlin, zum Andenken an ihren Gatten, den Herrn
Eisenbahndirektor Joseph Lehmann.
„ Herrn Wolff Sachs hier.
Frau Assessor, Bankdirektor Milch hier und Frau Kaufmann
Steinfeld zu Liegnitz, zum Andenken an ihren Vater, den
Herrn Kaufmann Moritz Levy.
Herrn Kurator Stadtrath Dr. jur. Marck hier (aus Anlass der
Confirmation seines Sohnes Alphons).
Herrn Salomon Litthauer in Berlin.
„ Samuel und Frau Täubchen Traube hier.
Kaufmann Louis Löbel Fränkel in Berlin.

Von Herrn Dr. med. Julius Lobethal hier.
„ „ Rentier Bernhard (Baruch) Poppelauer zu Berlin.
„ „ Banquier Heymann Traube hier.
„ „ Dr. Zacharias Frankel, Direktor des jüdisch-theologischen Seminars, hier.
„ Herrn Kaufmann Fritz Sachs hier.
„ „ Wilhelm Traube hier.
„ „ Landrabbiner Dr. Adler zu Cassel, zum Andenken an seine Ehegattin Bertha Adler.
„ Frau E. Stern hier, zum Andenken an ihre Eltern Tobias und Amalie Stolz.
„ Herrn Kaufmann Julius Haber, zur Begründung eines Julius und Johanna Haber'schen Stipendiums.
„ Frau Auguste Milch geb. Schlesinger hier.
„ Herrn Kaufmann Nathan Hamburger zu Kosten.
„ „ Kaufmann Samuel Wolff Rheinberg hier.
„ Frau Kaufmann Mugdan hier, zum Andenken an ihren Gatten, den Herrn Kaufmann A. J. Mugdan hier.
„ Herrn Louis Schaps hier, zum Andenken an seine Ehegattin, die Frau Elise Schaps geb. Henschel.
„ Herrn Kaufmann Adolph Lion hier, zum Andenken an seine Ehegattin, Frau Dorothea Lion.
„ verw. Frau Friederike Remak geb. Caro hier.

Ausserdem haben seit Bestehen des Seminars sowohl Gemeinden, als Privat-Personen Stipendien für kürzere oder längere Zeit ertheilt.

Von den zahlreichen Zuwendungen, deren die Bibliothek der Anstalt sich zu erfreuen hatte, heben wir als besonders umfassende hervor diejenigen der Herren:

Dr. B. Beer in Dresden.
W. Schiff hier.
S. B. Franzos in Inowraclaw.
Dr. Lobethal hier.
Direktor Dr. Frankel hier.
Dr. Emanuel Fuchs aus Kojetein (Mähren).
Nathan Hamburger in Kosten.
S. Hamburger in Schmiegel.

Werthvolle Weihegeschenke für die Synagoge des Seminars spendeten die Herren:

A. Lion,
Kurator J. Prinz,
Kurator L. Milch,
A. J. Mugdan,
W. Elkischer,
H. Cohn,
D. Littmann,
Frau Wolfsohn,
Frau Schlesinger.

III. Beilagen.

Beilage A.

(An das Curatorium der Commerzienrath Fränckelschen Stiftungen.)

Hochzuverehrende Herren!

Jedem redlichen Manne ziemt redlichen und wohlwollenden Männern gegenüber das grade offene Wort. Ihren Antrag in Ihrem letzten Geehrten hinsichtlich der Annexirung der Wilhelmsschule an das Seminar liegt unverkennbar die wohlmeinendste Absicht zu Grunde; die Verwirklichung jedoch wäre die Vernichtung des Seminars, wäre dessen Auflösung mit, ja noch vor seinem Beginn. Das Seminar hat für das Judenthum eine universelle Bedeutung: es gehört nicht einem Orte, nicht einem Lande, sondern der Allgemeinheit an; räumlich befindet es sich in Breslau, geistig muss es sich als ausser diesem Raume stehend betrachten und darf kein Verhältniss, keine Beziehung irgend einer Art zu der Stadt, in der es sich zufällig befindet, kennen. Das Institut muss seinen Ausgangs- und Endpunkt in sich haben. Diese Anschauung wurde in dem Statute, sowie in allen bisher gepflogenen Verhandlungen festgehalten. Die Anregung hierzu ging von Ihnen und von mir zugleich aus, und ich freute mich, Sie vom Beginn an von dieser Ueberzeugung durchdrungen zu sehen. Das Seminar darf nicht lokalisirt, darf mit keiner Lokalanstalt in Verbindung gebracht werden; es müsste dann auf den Namen einer allgemeinen Anstalt verzichten, würde sich in ein Breslauer Institut umwandeln, eine Parteistellung einnehmen und den Parteistreitigkeiten verfallen. Ich muss daher nicht nur für mich jede Mitwirkung zur Verbindung der Wilhelmsschule mit dem Seminar zurückweisen und im Namen des Seminars selbst die entschiedenste Einsprache gegen jeden derartigen Versuch erheben, sondern ich würde, selbst wenn die Regierung darauf anträge, mit Hinblick auf den dermaligen schädlichen Einfluss den Antrag ablehnen. Wollen Sie die Wilhelmsschule wieder ins Leben rufen, so bleibe das Seminar völlig ausser jedem Zusammenhang mit ihr; ich glaube aber auch, dass Sie gefälligst erwägen mögen, ob jetzt, wo das Seminar entsteht und soviel daran gelegen sein muss, die Ueberzeugung zu verbreiten, dass Sonderzwecke und Sonderabsichten keinen Antheil an der Errichtung haben, es überhaupt an der Zeit sei, mit der Anregung der Wiederbelebung der Wilhelmsschule hervorzutreten und hierdurch mancherlei Conflicte, besonders da diese Schule nicht unter dem Gemeindevorstand stehen soll, wachzurufen. Das Gute kann nie in seinem ganzen Umfange zu gleicher Zeit vollendet werden; ein Blick in die Geschichte aller Zeiten sagt, dass die Accumulation der Entwürfe und Unternehmungen gewöhnlich von einem gegenseitigen Untergraben des Projectirten begleitet ist. Sie haben in Errichtung des Seminars dem Willen des Testators in grossartiger Weise Genüge geleistet: für jetzt muss die vorzüglichste Sorgfalt auf eine ungehemmte, durch keinen äusseren Zwischenfall beeinträchtigte Entwickelung des Instituts gerichtet sein. Ich beschränke mich hinsichtlich der Wiederbelebung der Wilhelmsschule in diesem Zeitpunkte auf obige Andeutungen: ich darf mit Gewissheit darauf rechnen, von Ihnen nicht missverstanden zu werden; bedaure aber doch, dass dieser Gegenstand nicht bei meiner letzten Anwesenheit zu Breslau zur Sprache kam: der lebendige Gedankenaustausch würde gewiss unmittelbar das befriedigendste Verständniss bewirkt haben. Für Ihre Thätigkeit hinsichtlich der Saraval'schen Bibliothek sage ich Ihnen im Namen des Seminars wie im Namen der Wissenschaft den verbindlichsten Dank. — —

Dresden, den 27. Februar 1854.

(gez.) Frankel.

Beilage B.

(Aus einem Gutachten des Herrn Dr. L. Zunz in Berlin.)

Neun Fragen des Curatoriums der Fränckelschen Stiftungen in Breslau, Lehrer- und Rabbiner-Bildungs-Anstalten betreffend, auf Verlangen beantwortet von Dr. Zunz in Berlin.

Ohne darauf Anspruch machen zu dürfen, die in jenen Fragen berührten Gegenstände erledigt zu haben, knüpfe ich an dieselben nur folgende Bemerkungen an:

ad 1) Der Ausdruck „eine Rabbiner- und Lehrerbildungs-Anstalt", der im Vorworte gebraucht ist, bezeichnet Eine Anstalt, die einem doppelten Zwecke dient, etwa wie eine Kunstakademie, eine Universität, welche ein einziges Institut, das für verschiedene Fächer ausbildet, darstellen. In diesem Sinne würde die Frage dahin gehen, ob eine solche zwiefachen Zwecken dienende Anstalt errichtet werden könne, ohne eins oder beides zu benachtheiligen. Dahingegen ist in dem Wortlaut der Frage von „einer Rabbiner- und einer Lehrerbildungs-Anstalt", also von zwei Anstalten die Rede, die in demselben Institute vereinigt werden sollen. Die Einheit eines aus zwei Abtheilungen bestehenden Institutes kann nicht in dem leitenden Gedanken allein gesucht werden; es wären zwei Anstalten, die in Europa und Amerika unabhängig von einander wirken, dann auch als ein vereinigtes Institut anzusehen. Hier muss es entweder die Einheit der Einrichtung und der Spitze oder die Zusammengehörigkeit beider Bildungs-Operationen bei den Zöglingen sein, d. i. in beiden Anstalten ist entweder der Direktor derselbe oder die Zöglinge sind dieselben.

Die Frage ist beantwortet, sobald feststeht, was ein Lehrer, was ein Rabbiner ist. Die Erfordernisse zu beiden Fächern bestimmen die Bildungsmittel, diese bestimmen die Anstalten, und dann käme Zweck- oder Unzweckmässiges der Vereinigung leicht zum Vorschein. Allein diese Feststellung des Begriffes ist selber fraglich: Wir wissen, was ein Lehrer, nicht aber so bestimmt, was ein Rabbiner ist, wenigstens herrscht ein Schwanken in der Abgrenzung der Gebiete, ob sie gleichartig, verschieden, entgegengesetzt sind. Lehrt der Rabbiner, so ist er ein Lehrer; giebt der Lehrer Unterricht in Religion und predigt, so ist er Rabbiner. Lehrt ein Rabbiner gar nicht, ist er auf Casualfragen, Trauungen u. dgl. allein angewiesen, so ist ihm zum Theil eine andere Vorbereitung nöthig, als dem Erzieher. In der Kenntniss des Talmuds allein kann der Unterschied nicht gesucht werden, da es für uns eine solche Kenntniss ohne wissenschaftliche Bildung nicht mehr giebt. Und auch der Lehrer kann diese Kenntniss nicht ganz entbehren.

So lange Stellung und Wirkungskreis des Rabbiners unbestimmt und die Verschiedenheit von der Funktion des Lehrers unsicher ist, kann zu einer Vereinigung beider Anstalten nicht gerathen werden; die eine würde leiden, wenn ein Rabbiner, die andere, wenn ein Pädagog an der Spitze stände. Zwei Direktoren aber heisst zwei Anstalten. Für die jungen Leute würde ein Institut mit zwei Abtheilungen bedeuten, dass diese entweder eine über der andern, oder eine neben der andern bestehen. In dem letztern Falle wählt man sich eine

Abtheilung, oder wird einer zugewiesen, d. h. der junge Mann wird entweder Lehrer oder Rabbiner. Aber in dem erstern Falle rückt man von der niedern Abtheilung in die höhere hinauf: Wer möchte entscheiden, ob die Lehrer-, ob die Rabbiner-Abtheilung die höhere sei? Dieser Verlegenheit entgeht man durch die Errichtung zweier von einander getrennten Anstalten. Immerhin könnten, dieser Trennung unbeschadet, die Zöglinge in solchem Unterrichte vereinigt werden, der beiden Anstalten auf gleiche Weise nöthig ist. Wenn nicht persönliche Beziehungen störend einwirken, hat die Einerleiheit des Lokals, wenn dieses nur zweckmässig ist, nichts Nachtheiliges. Aus demselben Universitätsgebäude gehen Gelehrte, Aerzte, Richter, Geistliche, sogar verschiedener Religion, hervor.

(Aus einem Gutachten des Herrn Dr. M. Veit in Berlin.)
Die Vorfrage:
Kann Lehrer- und Rabbiner-Seminar nach Massgabe des vorliegenden Planes zu Einer Anstalt mit einander verbunden werden?
muss nach den vorhergehenden Erörterungen verneint werden.

Die gemeinschaftliche Bezeichnung „Seminar" scheint dazu verleitet zu haben, dass zwei Anstalten, die nach ihrer inneren Natur, ihrer Organisation, nach ihrer Stellung zum Leben und zur Wissenschaft, sowie nach der Vorbildung und den Berufszwecken der sie besuchenden Jugend wesentlich von einander verschieden sind, als blosse „Klassen" eines und desselben Instituts aufgefasst worden sind.

Ob nicht gleichwohl manche Unterrichtsgegenstände beider Anstalten gemeinschaftlich sein können, ist eine untergeordnete Frage. Ob es zweckmässig sein wird, sie an Einem Orte zu errichten, wird von den vorhandenen Geldmitteln und mannigfachen besonderen Erwägungen abhängig sein. Jedenfalls warne ich vor der Meinung, dass die von mir aufgestellte Ansicht vielleicht ideell annehmbar sei, dass man sich jedoch in der Praxis nach der Decke strecken und, wenn man das Ganze nicht erreichen könne, sich mit einem Theile begnügen müsse. Der Theil eines organischen Ganzen ist ein todtes Glied. Im vorliegenden Falle droht noch eine besondere Gefahr. Durch das nahe Aneinanderrücken beider Anstalten, durch den geringen Unterschied der Vorbildung, den der Plan für die eine und die andere

Anstalt verlangt, werden die Zöglinge zu dem Glauben verleitet werden, dass sie von einer „Klasse" zur andern übergehen sollen. Hierdurch wird dem in der jüdischen Jugend ohnedies hervortretenden Hange, eine geringere Lebensstellung zu verlassen, um einer scheinbar höheren, glänzenderen nachzustreben, in einer Weise Vorschub geleistet, die gewiss nicht in der Absicht des Planes gelegen hat. Während es der Zweck des Seminars sein muss, dass die von ihm gebildeten Zöglinge in der Regel unmittelbar zu einer praktischen Wirksamkeit als Lehrer übergehen, werden die Seminaristen der in der projectirten Weise combinirten Anstalt gewiss zum grössten Theil Rabbiner werden wollen. Dass besonders befähigten Seminarschülern der Weg zur Universität und zum Rabbinerseminar offen erhalten werde, ja, dass dem letzteren vielleicht sehr gut vorbereitete Zöglinge auf diese Weise zugeführt werden können, versteht sich von selbst: es wird aber immer nur die Ausnahme von einer Regel bleiben, der das praktische Bedürfniss der Gemeinden nach Lehrern so laut und dringend das Wort redet....

Berlin, den 24. December 1852.

Dr. M. Veit.

Beilage C.
(Aus einem Schreiben des Herrn J. Lehmann an Herrn Sanitätsrath J. Levy.)

Ich muss gestehen, dass ich sowohl aus diesen schriftlichen, als aus den vielen mündlichen Aeusserungen achtbarer Männer, die ich über den Gegenstand zu Rathe gezogen, zu dem Resultat gelangt bin: Quot capita, tot sensus — so viele gescheite Männer, so viele verschiedene Theorien stellen sie auch über die Einrichtung eines jüdischen Lehrer- und Rabbiner-Seminars auf, die, eben weil sie noch nirgends vorhanden, jedem als ein anderes Ideal vorschwebt. Auch Sie, mein verehrter Freund, gehören zu diesen Männern, und ebenso wie Sie z. B. mit Dr. Veit über einige Grundprincipien völlig auseinander gehen, so stimmen Sie auch wieder mit den Ansichten des Dr. Frankel, welchem Dr. Veit ebenfalls zum Theil entgegentritt, nicht ganz überein.

Ich bin aber der Meinung, dass durch blosse Theorien, und wären sie auch noch so logisch und systematisch gegliedert, noch auf keinem Gebiete etwas Praktisches begründet worden. Dazu bedarf es vor Allem des redlichen Willens einerseits und des hingebenden

Vertrauens andererseits. Den ersteren dürfen Sie bei Dr. Fränkel, wie bei keinem anderen deutschen Rabbiner voraussetzen; er verbindet dabei reiches Wissen auf mannigfachen, besonders jüdischen Gebieten mit praktischer Tüchtigkeit, welche letztere sich namentlich bei seinen aus Nichts hervorgerufenen Schöpfungen in Dresden bewährt hat, und so wollen wir ihm denn auch das Vertrauen schenken, dass er mit Gottes Hilfe das grosse Werk, welches Sie in seine Hand legen wollen, mit Kraft, Ausdauer und Erfolg, zum Segen Israels und zur Verherrlichung des Fränckel'schen Andenkens, wird durchzuführen wissen. Ich meinerseits wenigstens lasse mich in diesem Glauben durch keinerlei Bedenken irre machen. Man fange nur an, und wäre es auch mit etwas, nach Ansicht der Theoretiker Mangelhaftem; bei jenen Voraussetzungen des redlichen Willens und der praktischen Tüchtigkeit wird das Vollkommnere gewiss nicht auf sich warten lassen!

Berlin, den 20. Februar 1853.

Joseph Lehmann.

Beilage D.

(Aus einem Schreiben des Dr. Frankel an das Curatorium.)

Hochzuverehrende Herren!

Der sehr ehrenwerthe Herr Direktor J. Lehmann aus Glogau theilt mir mit, dass Sie Sonntag, den 27. d. M., hier zur Conferenz einzutreffen gedenken. Meine wahre Hochachtung kommt Ihnen entgegen, und ich werde Sie mit aufrichtiger Verehrung willkommen heissen.

Die Conferenz hat eine der wichtigsten Angelegenheiten des Judenthums zum Gegenstande: das zu besprechende Unternehmen ist epochemachend. Es hat die Bestimmung, eine grosse vieltausendjährige Errungenschaft zu bewahren, sie durch eine innere Regeneration wieder in ihrer wahren Würde hervortreten zu lassen. Das Judenthum hat seinen Schwerpunkt in sich: ist es von innen gestärkt, dann vermag keine Macht der Erde ihm Abbruch zu thun, ist es in sich geschwächt, dann kann keine äussere Freiheit, keine sog. Emancipation ihm Halt und Stärke geben. Es schien aber in den letzteren Jahren, als wolle es in Deutschland seinem Verfalle entgegen gehen: jeder Mittelpunkt, jede geistige Concentration kam abhanden, die eigentliche Vertretung, eine Pflanzstätte der Glaubenswissenschaft, eine Akademie, Seminar, Schule fehlte. Eine höhere Fügung scheint dem sel. Testator Herrn Commerzienrath Fränckel den Willen ins Herz gelegt zu haben, dass aus seinem Nachlasse ein Seminar für Rabbiner und Lehrer gestiftet werde. Unsere Zeit ist nicht arm an philanthropischen Instituten, und der Menschenfreund kann solchen Werken nur Beifall zollen: Elend lindern ist Ausführen nach dem Willen Gottes. Aber der Blick muss sich auf noch Höheres richten: es giebt geistige Forderungen und geistige Bedürfnisse, deren Befriedigung der der irdischen Forderung vorangehen. Das Heiligthum des Glaubens zu retten, dem Glauben neue Stützen und Unterlagen verschaffen, ihm seine Ehre nach innen und aussen wiedergeben, was könnte dringender, wichtiger, nothwendiger erscheinen? Was vorausgehen dem Aufruf für das gesammte bedrohte Judenthum zu unternehmen, für unser gesammtes Volksthum auszuführen, den Glauben, — unser göttliches heiligstes Gut — uns und unseren Kindern zu erhalten? Um so höher das Geistige über dem Irdischen, das Göttliche über dem Vergänglichen stehet, um so höher ist diese Forderung: hieran kann nur ein geistiger Massstab gelegt werden, den viele Zeitgenossen nicht zu erfassen vermögen, und um so tiefer ist der Schmerz, dass das Auge für das umdüstert ist, wohin sich der Blick zuerst richten sollte.

Der sel. Testator hat in seinem letzten Willen für Göttliches und Menschliches zugleich verfügt: durch das göttliche Glaubenswerk, das nun ins Leben treten soll, wird er die Gesammtheit, wird er noch ferne Geschlechter sich verbindlich gemacht haben. Und dass er seinen Willen Männern in die Hände legte, deren Herz für Gott, für den väterlichen Glauben warm schlägt, ist ebenfalls als höhere Fügung anzusehen. Aus mehreren Mittheilungen, die mir Herr Lehmann machte, habe ich entnommen, mit welchem heiligen Eifer Sie, hochzuverehrende Herren! den Gegenstand erfassen, wie Sie von der Grösse des Unternehmens und dem von seinem Gelingen ausstrahlenden Erfolge durchdrungen sind. Es darf mit Recht behauptet werden, dass neben dem inneren Lohne, den Sie empfinden werden, Ihr Name auch „zum ewigen Andenken, zum unvergänglichen Gedächtnisse im Heiligthum des Ewigen" verbleiben wird; es wird mit der Hilfe des Höchsten ein neuer Wendepunkt, eine innere Erstarkung eintreten, und die Nachwelt wird Jene nicht vergessen, die thätig Hand ans Werk gelegt und es ins Leben gerufen haben.

Es ist ein Werk für Gott, und darum dürfen wir hoffen, dass Sein Beistand nicht fehlen wird. Dieser doppelt grosse und ermunternde Gedanke ermuthigt auch mich, Hand, selbst mit vielen Opfern, ans Werk zu legen.

Die Conferenz wird das Beginnen fördern: Ein Wille beseelt, meine Herren! Sie und mich, und dieses Einverständniss ist eine ermunternde Garantie für das Gelingen. Genehmigen Sie also nochmals die Versicherung, dass Ihr Erscheinen in Dresden mir höchst willkommen ist, und ich in ihm ein schönes bedeutungsvolles Vorzeichen erblicke.

Ich habe die Ehre mich mit wahrer Hochachtung zu zeichnen Ew. Wohlgeboren

ergebener

Dresden, 14. März 1853.   Dr. Z. Frankel.

Beilage E.
Ueber Rabbiner- und Lehrer-Seminar.

An die Spitze der auftauchenden Fragen über Nutzen und Nothwendigkeit eines Rabbiner- und Lehrerseminars, über deren innere Einrichtung und Lehrgegenstände, über Einheitlichkeit des Seminars für Rabbiner und des Seminars für Lehrer stellen wir die Frage, was ist Rabbiner, was ist Lehrer? Welche Anforderungen richtet unsere Zeit an den Rabbiner, welche Anforderungen an den Lehrer?

Rabbiner ist der Volkslehrer. Lehrer nach dem gewöhnlichen Begriff der Schul- oder Jugendlehrer. Beide haben einen grossen Beruf: Der Volkslehrer soll das Volk, das Allgemeine, die in ihren religiösen Interessen zu einem Einheitlichen sich vereinigende Gemeinde in göttlichen Dingen belehren und das Göttliche in ihrem Herzen befestigen: der Jugendlehrer als Religionslehrer — bei der Frage über ein jüdisches Lehrerseminar ist zunächst nur ein solcher im Auge zu behalten — soll den in das Herz des Kindes gelegten göttlichen Keim entwickeln, dass es zu einem würdigen Theile der Gesammtheit heranwachse; der Rabbiner soll als Träger des Judenthums lebendige Theilnahme in dem Herzen wachhalten, der Lehrer Theilnahme erwecken. Wo nun bei der Grossartigkeit des einen wie des andern Berufes der eigentliche Schwerpunkt liegt, kann nur durch ein tieferes Eingehen auf das Wesen des Judenthums ermittelt werden.

Das Judenthum hat seine Gewähr in sich, in den ewigen Wahrheiten, die es lehrt. Erhalterin und Nährerin dieser Wahrheiten ist die Wissenschaft, sie stellt jene dem Geiste als Lebendiges und Leben Ausströmendes gegenüber, giebt ihm die spannende und anregende Beschäftigung, durch die diese Wahrheiten ein lebendiges, ohne die sie ein todtes Gut sind. Der jüdische Glaube ist nicht in einem Volksthum bedingt, bedarf nicht der Vertretung durch äussere Macht: er entfaltete seine edelsten Blüthen in Zeiten des Umherirrens und der Heimathlosigkeit; aber in dem Masse, wie er von jeder Forderung weltlicher Unterlage entfernt ist, beansprucht er geistiges Leben, eine ununterbrochene Strömung in der Sphäre des Denkens und des Forschens. Wissenschaft ist das Herz des Judenthums, aus dem das Blut sich durch alle Adern ergiesst; die Erhaltung des Judenthums liegt im Gedanken, ohne den Gedanken siechen und versiegen die Handlungen. Bei der unstreitig anerkannten Wichtigkeit eines Lehrerseminars kann man doch nicht umhin, die von mancher Seite angeregte Frage, ob der Errichtung eines Rabbinerseminars oder eines Lehrerseminars der Vorzug zu geben, für gleichbedeutend mit der Frage zu erachten, ob Wissenschaft und Judenthum durch Tiefe oder Breite erhalten werden, ob Leben aus den Herzkammern oder den Nebengliedern ausströmt, ob eine grosse Anzahl von zersplitterten Funken Wärme und Licht geben, ob einer im Verfall begriffenen Wissenschaft einige den Verfall hinausschiebende Mittel oder eine Regeneration noththut? Noch bestehet zur Zeit an keinem Orte in Deutschland ein Rabbinerseminar, nirgends eine Pflanzstätte für einstige Vertreter der Religionswissenschaft: und es könnte sich der Zweifel erheben, wohin die Sorgfalt für das religiöse Wohl der Gesammtheit sich zuerst zu richten habe, ob auf Heranbildung der Träger und Vertreter des Glaubens oder Jener, die das Licht verbreiten sollen, das von diesen getragen und bewahrt wird? Lasst das Licht bei diesen ausgehen, lasst es in seiner Urkraft — der Wissenschaft — erlöschen, woran werden die Jugendlehrer sich wärmen? Es ist das schöne Charakterzeichen des Judenthums, dass sein Wesen sich nicht an Stand und Ordination knüpft und der Name „Geistlicher" in dessen eigentlicher Bedeutung von ihm nicht gekannt ist; dieser mag vielleicht Manchen zu der Annahme verleiten, dass der Rabbiner an sich dem Judenthum fremd, von aussen hineingetragen sei. Für eine Zeit, wo das Wissen allgemein verbreitet ist, hat diese Annahme ihre Gültigkeit: der Gelehrte ist Rabbiner. Sie hat in gewisser Hinsicht ihre Geltung auch für alle Zeiten. Der Rabbiner soll gelehrt sein, soll in sich das Wissen des Judenthums aufgenommen haben, in Kraft der Glaubenswissenschaft und Belehrung, nicht in Kraft der Ordination und Wahl die Gemeinde vertreten. Aber kann, weil nicht geistlicher Stand, sondern gelehrter Lehrer dem Judenthum eigenthümlich, der Schullehrer an dessen Stelle treten, die Gemeinde, die Gesammtheit, der Glaube, die Confession durch Jugendlehrer repräsentirt werden? Weil im Judenthum nur die Wissenschaft die Weihe giebt und Aeusserliches nicht zur Grundbedingung gemacht wird, darum soll auch auf diese geistige Weihe verzichtet werden? — Betrachten wir aber noch die Wirksamkeit des Rabbiners nach einer anderen Richtung, um ganz den Umfang seines Berufes zu erkennen. Der Rabbiner ist nach der gewöhnlichen Definition — die auch oben angenommen wurde — Volkslehrer, der Schullehrer ist Jugendlehrer. Es werden nun hier gewöhnlich zwei gesonderte, von einander getrennte Gebiete gedacht; in der Wirklichkeit finden sich jedoch hier zwei in einander gefügte Gebiete, deren eines nur mit seinen Grenzen sich weit über das andere hinauszichet. Sowohl Rabbiner als Jugendlehrer nehmen bei ihrer religiösen Bildung den Ausgang von der Schrift: also zum Theile denselben Bildungsgang, nur dass der Rabbiner seinem Beruf nach noch über ihn hinausschreitet. Betrachten wir jedoch noch weiter den Beruf des Rabbiners, wie er sich im Judenthum von jeher ausprägte. Der Rabbiner hatte das Volk über Religiöses und Moralisches zu belehren; aber hierauf war seine Thätigkeit keineswegs beschränkt: der geistige Inhalt des Gesetzes sollte weiter übergehen, die Liebe für die Lehre wach und rege erhalten werden, der Geist in ihm Stoff und Beschäftigung finden; darum die vorzüglichste Aufgabe des Rabbiners, die Jugend zu belehren und für den väterlichen Glauben zu begeistern. Diese Aufgabe hat für den Rabbiner nicht aufgehört: und kann sie nach der Richtung unserer Zeit nicht mehr in dem ehemaligen Umfang an der erwachsenen Jugend erfüllt werden, so muss sie sich um so mehr der frühen Jugend zuwenden. Der Rabbiner unserer Tage soll unmittelbar oder mittelbar die Jugend in den Religionswahrheiten belehren, den Unterricht selbst ertheilen oder ihn leiten und überwachen. Der Rabbiner muss sich also die Befähigung des Jugendlehrers aneignen, muss auf religiösem Gebiete dessen Stelle ausfüllen können; aber seiner Thätigkeit ist ein noch weit grösserer Kreis angewiesen: seiner Obhut ist die Wissenschaft und die Belehrung der Gemeinde anvertraut.

Rabbiner- und Lehrerseminar fallen also in vieler Beziehung in **Eins zusammen.** Hierdurch ist auch die Frage erledigt: Können Rabbiner- und Lehrerseminar zu **einer** Anstalt mit einander verbunden werden? Die eigentliche Bestimmung eines besondern jüdischen Lehrerseminars ist, dass aus ihm Lehrer hervorgehen, die befähigt sind, der Jugend den Religionsunterricht zu ertheilen. Nur zu **diesem** Zwecke bedarf es einer specifisch confessionellen Anstalt, die allgemeinen Unterrichtsgegenstände stehen an sich **ausser** dem Bereiche der besondern Pflege und Wartung der Confession. Hinsichtlich des Religionsunterrichts aber sind beide Seminare in vielen Punkten Eines, das Lehrerseminar im Rabbinerseminar involvirt. Das Rabbinerseminar muss, da der Unterricht der Jugend mit zu dem Berufe des Rabbiners gehört, dem dem Rabbinerstande sich widmenden jungen Mann Gelegenheit bieten, sich die zum Unterrichte der Jugend qualificirenden Befähigungen anzueignen und muss daher auch einen Cursus für Katechetik, Pädagogik u. s. w. eröffnen. In dem Seminar für Rabbiner ist also zugleich das für Lehrer in seinen wesentlichsten Punkten enthalten. Und erheischet auch die Rücksicht auf manche äussere Beziehungen, dass das Lehrerseminar auch die allgemeinen Unterrichtsgegenstände mit aufnehme, so wird vielleicht die Folgezeit auch hier Auskunft bieten; vor der Wichtigkeit der Gründung eines Rabbinerseminars, das für das Judenthum eine Lebensbedingung ist, muss jedoch einstweilen jene Rücksicht zurücktreten.

Wir gehen nun nach Beleuchtung obiger Punkte auf Wesen und Einrichtung des **Rabbinerseminars** und Wesen und Einrichtung des **Lehrerseminars** über.

Rabbinerseminar.

Das Bedürfniss eines Rabbinerseminars drängt sich bei einem nur einfachen Blick auf den gegenwärtigen trostlosen inneren Zustand des Judenthums auf. Die früheren Lehrhäuser sind geschlossen, neue haben sich nicht geöffnet; dem dem Rabbinerstande sich widmenden jungen Manne ist daher nirgends Gelegenheit geboten, die theologischen Studien zu machen; das Rabbinerseminar soll an die Stelle des alten Lehrhauses treten; doch muss, soll es nicht bald das Schicksal der verfallenen Lehrhäuser theilen, mit dessen Errichtung zugleich ein **neuer geistiger Bau** begonnen werden.

Forscht man nach der Ursache der Auflösung der Lehrhäuser, so ist sie zunächst in dem Umstande wahrzunehmen, dass das wissenschaftliche Element erloschen, das Studium nicht von wissenschaftlichem Geist durchhaucht war. Die Lehr- und Forschungsweise der letzten Zeit vornehmlich lag weit von jedem wissenschaftlichen Bildungsgang ab: sie hatte völlig auf ein systematisches Studium verzichtet, und es machte sich allenthalben der Mangel an Methode, die Abwesenheit jeder wissenschaftlichen Architektonik fühlbar. Hierzu kam noch, dass man sich damit begnügte, dem Geiste an sich scharfsinnige, aber jeder breiteren Basis entbehrende Discussionen als alleinige Nahrung darzubieten; die umfassende Kenntniss des theologischen Stoffes, wie sie die spanische und auch die französische Schule zeigt, wurde von minutiösen Geistesspielereien verdrängt. — Dass endlich die allgemeinen Wissenschaften keine Berücksichtigung fanden, eine scientifische Bildung nicht erforderlich schien, ja sogar als feindlicher Gegensatz dem theologischen Studium gegenüber betrachtet wurde, musste diesem die Geister völlig entfremden. — Und so verfielen die Lehrhäuser: Lehrer und Schüler sahen sich verlassen.

Der abgerissene Faden soll aufgenommen, eine Schule wieder eröffnet werden. Als erste Bedingung der Regeneration stellt sich die Forderung heraus, dass ein wissenschaftlicher Geist in das Studium der jüdischen Theologie hineingetragen werde. Zwar soll nicht auf den ihm eigenthümlichen Geist, auf die es charakterisirende scharfsinnige Richtung verzichtet werden; aber diese Richtung soll von einem systematischen Forschungsgange durchdrungen und geleitet sein. Als andere Anforderung zeigt sich das Umfangreiche des Wissens. Die jüdische Wissenschaft eröffnet nach allen Richtungen ein grosses Gebiet. In ihr Bereich gehören Bibelstudium und Sprachkunde, Mischna, Talmud und Midraschim, Religionsphilosophie, und neben diesen schon in früheren Jahrhunderten — zumeist durch die spanische Schule — angebauten Gefilden haben neuere Zeitbedürfnisse und kritische Auffassung des Geistes der Wissenschaften noch andere Gebiete geschaffen.

Es bedarf ferner kaum der Erwähnung, dass allgemeine gelehrte Bildung, wie sie **Gymnasium** und **Universität** bieten, mit in den Kreis des Rabbiners gehören, dass er sich dieselben angeeignet haben muss. Die eigentlich jüdische Wissenschaft hat ja aus der Höhe der

Zeitbildung Nahrung gezogen, die sie mit ihrem Geist befruchtend als Lebenssäfte in sich aufnahm. Judenthum und Wissenschaft müssen überhaupt einander genähert werden; und es bewährt sich hierin die Kraft des Judenthums, dass seine Wahrheiten an dem Lichte der Wissenschaft um so glänzender hervortreten. Nur die einseitige Bildung erweckt schwer auszugleichende Conflicte; dem jungen Manne, der aus dem früher enggeschlossenen Kreise des jüdischen Studiums in das Gebiet des allgemeinen Wissens trat, schien sich eine neue, mit seinen mitgebrachten Anschauungen im schärfsten Gegensatze stehende Welt aufzuthun, in der er sich zuweilen ganz verlor. Durch baldige Bekanntschaft mit den allgemeinen Wissenschaften wird der Jünger der jüdischen Theologie mit dem Gedanken des Zusammengehens beider Disciplinen zeitig vertraut gemacht und vieler beengenden Zweifel enthoben werden. Die dennoch etwa hier und dort hervortretenden Gegensätze auszugleichen wird die Aufgabe der **Lehrweise** des Seminars sein.

Lehrerseminar.

Dass die religiöse Jugendbelehrung eine der edelsten und heiligsten Pflichten sowohl dem allgemeinen der Menschheit, als den Interessen der Confession gegenüber sei, bedarf keiner Erwähnung: und es ist daher überflüssig, auf die Nothwendigkeit eines Lehrerseminars, in welchem sich junge Männer zu dieser Belehrung befähigen, aufmerksam zu machen: dass man im Judenthum nicht in den vorigen Jahrhunderten auf Gründung solcher Anstalten bedacht war, findet seine Entschuldigung in dem zu jenen Zeiten das ganze Leben durchziehenden Gefühle: der Glaube war ein alle Handlungen und Bewegungen durchdringendes Innere. Glaube und Glaubenslehre gelangten nicht zur objectiven Anschauung, sondern waren mit dem ganzen Sein verwachsen, und so gab das Leben selbst eine anhaltende ununterbrochene Belehrung. Betrübend ist aber, dass auch die neuere Zeit sich noch nicht dieser Aufgabe bewusst scheint und Deutschland bis jetzt verhältnissmässig nur wenige jüdische Lehrerseminarien und auch diese durch äussere Umstände in beschränktem Wirkungskreise, aufzuweisen hat.

Die eigentliche Aufgabe eines jüdischen Lehrerseminars ist, Lehrer heranzubilden, die befähigt sind, den jüdischen Jugendunterricht zu ertheilen. Es bedarf aber sehr viel, um diese Befähigung zu erlangen. Der jüdische Glaube hat keine Dogmatik, und darum wollte es auch nicht gelingen, ein eigentliches Religionslehrbuch für die Jugend herzustellen. Allgemeine Religions- und Moralsätze können für einen confessionellen Religionsunterricht nicht ausreichen. Der jüdische Jugendlehrer muss daher zu dem eigentlichen Religionsbuche, der heiligen Schrift, zurückkehren und ihren Geist zu erfassen suchen: und diesem Geist soll er einen Weg in das Herz des Kindes bahnen. Es muss daher dem sich dem Lehrerstande widmenden jungen Manne vor Allem Gelegenheit geboten werden, sich mit der eigentlichen Quelle, aus der er für die Jugend schöpfen will, vertraut zu machen. Daher also ein gründliches Studium der Schrift, ferner Bekanntschaft mit den die Schrift erläuternden Exegeten, sowie grammatische Kenntniss der hebräischen Sprache, deren er um so mehr bedarf, als die Schrift in der Ursprache Unterrichtsgegenstand ist.

Es ergiebt sich nun fast von selbst hieraus, dass ein Theil der Unterrichtsgegenstände des Rabbinerseminars — vom ersten bis zum dritten Jahrgange — auch dem Lehramtscandidaten Bedürfniss ist. Hierher ist zu rechnen: Bibelstudium und Exegese, hebräische Sprache, Geographie von Palästina. Auch einige Kenntniss der Mischna darf dem Lehramtscandidaten nicht abgehen, und er wird sich solche zu erwerben haben, wie sie der erste Jahrgang des Rabbinerseminars bietet.

Der Lehramtscandidat wird also theilnehmen können an den biblischen Studien des Rabbinerseminars (1. bis 3. Jahrg.), ferner an Mischna ersten Jahrganges. Nur dürfte es für die Mischna vielleicht mancher besondern Nachhülfe bedürfen, um mit den Rabbinerseminaristen gleichen Schritt zu halten.

Durch Glaubens- und Pflichtenlehre lernt er das Wesen des Judenthums erkennen, durch Ethik nach jüdischen Quellen wird er es noch tiefer erfassen. . . . .

Dresden, im März 1853.

Dr. Z. Frankel.

Uebersicht.

I. Geschichtliches:
   A. Gründung des Seminars 1
   B. Das Seminar in seinem Bestehen 7

II. Statistisches:
   A. Wirksamkeit des Seminars 31
   B. Schriften der Lehrer und ehemaligen Schüler 34
   C. Preisaufgaben, die das Seminar gestellt hat .. 55
   D. Die Bibliothek des Seminars 56
   E. Der Verein Liwjath Chen 56
   F. Legate, Spenden und Zuwendungen, die dem Seminar gemacht worden sind 58

III. Beilagen:
   A. Ein Schreiben Frankels an das Curatorium . 62
   B. Gutachten von Zunz und Veit 63
   C. Aus einem Schreiben J. Lehmanns in Glogau .. 66
   D. Ein Schreiben Frankels an das Curatorium 67
   E. Der Organisationsplan des Seminars, verf. von Frankel 69